LA CHAMBRE DE COMMERCE

DE LYON

AU DIX-HUITIEME SIÈCLE

LA
CHAMBRE DE COMMERCE
DE LYON

ÉTUDE FAITE SUR LES REGISTRES DE SES DÉLIBÉRATIONS

PAR

M. PARISET

Ire PARTIE

DIX-HUITIÈME SIÈCLE

1702-1791

LYON
ASSOCIATION TYPOGRAPHIQUE
F. PLAN, rue de la Barre, 12

1886

DÉPOT LÉGAL
Rhône
n° 588
1886

INTRODUCTION

Il y a dans la bibliothèque de la Chambre de commerce une série de registres où sont consignées ses délibérations. En parcourant ceux qui sont relatifs au XVIIIᵉ siècle, j'ai été surpris de la variété des questions examinées par la première Chambre de commerce de Lyon et de la valeur des mémoires produits. Il m'a semblé qu'une analyse des travaux de nos prédécesseurs intéresserait mes collègues : c'est un chapitre de l'histoire de Lyon au XVIIIᵉ siècle. Mon but, en l'écrivant, est de rendre un juste hommage à cette première Chambre et, en même temps, de témoigner ma reconnaissance à la seconde Chambre de commerce, dont j'ai l'honneur de faire partie.

Malheureusement les registres présentent de nombreuses lacunes ; néanmoins je n'ai voulu recourir à aucun document étranger, à aucune publication, et me suis borné à nos archives encore inédites.

J'ai tenu également à citer le plus souvent possible les textes eux-mêmes ; et, si j'ai un regret, c'est d'avoir abrégé les citations dans la crainte d'être trop long. Les travaux laissés par la première Chambre de commerce sont, en effet, intéressants à étudier.

Je les expose sans donner aucune appréciation des principes qui les ont inspirés. Le contraste est assez saisissant entre les doctrines économiques soutenues pendant le XVIIIe siècle, et celles dont nous sommes les défenseurs. Ne peut-on pas dire, d'ailleurs, qu'aujourd'hui il y a chose jugée ?

Lyon, 1885.

CHAPITRE PREMIER

Les Chambres de commerce avant le dix-huitième siècle. — Administration commerciale créée par Pontchartrain et Chamillart en 1700. — Entraves que rencontrait le commerce à l'intérieur et l'extérieur. — Le régime de la protection vivement attaqué par les Députés représentant la province auprès du Conseil du commerce. — Lyon ne pouvant pas renoncer à ses privilèges, sa Chambre de commerce sera protectionniste.

L'Administration commerciale fut ébauchée au commencecement du XVIIe siècle. Jusqu'à cette époque, l'État n'était intervenu que pour transformer, dans un intérêt fiscal, certains offices : les courtiers, en 1572, sous Charles IX ; les banquiers, sous Henri III, en 1581, étaient devenus des officiers royaux. Henri IV, le premier, essaya de centraliser les mesures concernant le commerce, tant à l'intérieur qu'à l'extérieur, et créa, en 1602, une Commission consultative dont le séjour devait être Paris et qui était chargée d'examiner toutes les propositions, tous les mémoires, toutes les questions intéressant le commerce du royaume. Le Prévôt des marchands et les échevins devaient s'adjoindre aux membres du Parlement et de la Cour des aides désignés par le Roi. Enfin, la communauté des marchands de Paris devaient élire deux des leurs pour compléter cette Chambre de commerce.

Colbert, en 1664, entreprit de modifier et de compléter l'Administration commerciale. Il fit entrer dans le Conseil royal du commerce résidant à Paris, trois négociants qu'il se réserva de choisir sur les listes de présentation dressées par les notables des dix-huit principales villes ; et créa, pour correspondre avec elle, trois Conseils provinciaux, l'un comprenant la Picardie, la Normandie, la Bretagne et la Touraine ; l'autre, comprenant le Poitou, la Saintonge et la Guienne ; le troisième comprenant Lyon, le Languedoc et la Provence ; tous composés avec les noms portés sur les mêmes listes de présentation dont il vient d'être fait mention.

A ces institutions, qui rendirent de grands services, succéda l'organisation adoptée au commencement du XVIIIe siècle et réglée par les édits du 29 juin 1700 (1). La Chambre de commerce de Paris devient un Conseil général du commerce, et, après entente entre le Contrôleur général et le Secrétaire d'État ayant le département de la marine, prend la direction centrale. Elle a des rapports directs avec le représentant du Roi dans les généralités, l'Intendant, qui a la juridiction de l'Administration commerciale en première instance (2).

Comme intermédiaires entre l'Administration centrale et les négociants, sont créées les Chambres particulières de commerce.

Enfin des délégués d'un certain nombre de villes, prenant la qualification de députés du commerce, sont les représentants attitrés et officiels des intérêts commerciaux des provinces dans le sein du Conseil général du commerce où siègent seulement six membres nommés par le Roi (3).

(1) L'arrêt du 29 juin 1700 décrète l'établissement d'un Conseil général du commerce, composé de quatre conseillers d'État, de deux maîtres des requêtes et de douze négociants. Deux de ces négociants devaient être nommés par la Municipalité et le commerce de Paris ; un dans chacune des villes suivantes : Rouen, Bordeaux, Lyon, Marseille, Nantes, La Rochelle, Saint-Malo, Lille, Bayonne et Dunkerque. Un treizième député fut attribué au Languedoc le 7 septembre 1700.

(2) Les commissaires départis pour l'exécution des ordres du roi ont été créés en 1551, par Henri II. Ils ont l'inspection de toutes les affaires qui concernent la justice, la police et les finances dans l'étendue de leur généralité. Il ne faut pas les confondre avec les intendants de commerce qui n'ont été créés qu'en 1708 au nombre de six : ce furent des offices réservés aux maîtres des requêtes, et leurs titulaires ne quittèrent pas Paris. Supprimés en 1715, ils sont rétablis au nombre de quatre en 1724.

(3) Le 14 décembre 1715, l'Administaation du royaume fut reconstituée, il y eut auprès du Conseil de régence sept Conseils particuliers ; l'un d'eux prit le nom et les fonctions de l'ancien Conseil du commerce, et les treize députés, ainsi que deux fermiers généraux, y furent adjoints. En 1722, le Conseil de commerce est remplacé par une commission de huit membres, appelée Bureau de commerce, les députés et trois fermiers généraux y sont admis. En 1730 sont créés un Conseil royal de commerce, placé au dessus du bureau, et un directeur du commerce.

C'est donc à dater du XVIII⁰ siècle que le commerce, placé sous la direction immédiate du gouvernement, forme définitivement une branche de l'Administration du royaume : Daguesseau fut l'inspirateur de cette organisation.

Les premiers mémoires présentés au Conseil par les députés des provinces sur le commerce de la France, sur les causes de sa décadence et les moyens de le rétablir, indiquent quelle évolution s'est faite dans les idées.

Le protectionisme, en effet, adopté depuis longtemps comme système commercial, était en pleine floraison.

A l'intérieur, le commerce était, à chaque pas, arrêté par une barrière. Il fallait payer, pour la marchandise, un droit de circulation à celui qui s'était constitué propriétaire du chemin ou de la rivière, le Roi, le seigneur, la ville ; droit domanial, droit seigneurial, droit local, naturellement toujours arbitraire. De plus, la scission du royaume, sous le roi Jean, en provinces étrangères et pays des aides (1), avait créé une jalousie et une rivalité qui maintenaient les lignes de douanes intérieures et isolaient les provinces les unes des autres.

Vainement l'édit de septembre 1664 avait prononcé la simplification et l'unification des droits d'entrée et des droits de sortie. Colbert n'avait réussi à faire accepter les nouveaux tarifs que par un certain nombre de provinces. Dans celles-ci, dites provinces des cinq grosses fermes (2), comme l'édit de

---

(1) Le roi Jean déclara provinces étrangères celles qui avaient refusé de payer les aides qui leur avaient été demandées, et ordonna que les marchandises, pour entrer dans ces provinces, paieraient les mêmes droits qu'elles avaient à payer pour passer dans les royaumes étrangers, c'est-à-dire les droits de traite, de haut passage, le rêve et l'imposition foraine.

(2) Ces provinces, au nombre de douze, étaient : la Normandie, la Picardie, la Champagne, la Bourgogne, la Bresse, le Bugey, le Bourbonnais, le Poitou, l'Aunis, l'Anjou, le Maine, et les provinces qui étaient enclavées dans celles-ci, comme l'Ile de France, la Touraine, la Beauce, etc. Leur nom de cinq grosses fermes vient de ce que Sully avait, en 1598.

1664 supprimait les péages seigneuriaux et la plupart des péages provinciaux, la circulation était à peu près libre et les perceptions uniformes, bien qu'on se heurtât aux exigences et aux tentatives d'empiètement des fermiers ou des receveurs avides d'accroître les revenus de la ferme ; notons même que les marchandises qui n'étaient pas destinées à être exportées du royaume avaient été exemptées du droit de sortie. Mais la ligne des frontières était maintenue entre les provinces des cinq grosses fermes et les provinces réputées étrangères (1), comme aussi entre chacune de ces dernières ; la marchandise, pour circuler, payait, d'un côté, un droit de sortie, de l'autre, un droit d'entrée, puis subissait les vexations des douanes et péages particuliers établis dans l'intérieur de chaque province qui avait voulu conserver son individualité (2).

Le commerce extérieur était soumis à un régime non moins restrictif. C'était une conviction générale que la France pouvait se suffire et se passer des étrangers ; que, par contre, les étrangers avaient un absolu besoin de quelques-uns de nos

---

réuni en un seul bail, dit des cinq grosses fermes, la perception : 1º des droits de sortie qui représentaient deux fermes ; 2º des droits d'entrée qui représentaient deux autres fermes ; 3º des droits particuliers (droits de calais et droit de l'écu par tonneau de mer) qui constituaient une cinquième ferme.

(1) Outre cette subdivision, il y en avait une autre. On avait donné le nom de provinces *traitées comme pays étrangers*, parce que les bureaux de traites étaient sur la frontière du côté de la France, tandis que le commerce était libre avec l'étranger, à l'Alsace, la Lorraine, aux trois évêchés, au pays de Gex et à quatre ports de mer, Dunkerque, Lorient, Bayonne et Marseille.

(2) Nous aurons à parler de plusieurs de ces péages locaux, auxquels les pays d'État, incorporés à la monarchie, tenaient soit par intérêt réel, soit par vanité, tels que le trépas de la Loire, la traite foraine d'Anjou, la traite d'Arzac, la comptablie de Bordeaux, la coutume de Bayonne. Nous aurons à insister particulièrement sur la douane de Lyon et sur la douane de Valence. Notons, en passant, que déjà chez les Romains les péages *(portoria)* formaient le principal impôt indirect il était taxé *ad valorem*.

produits naturels ou manufacturés (1) ; enfin qu'il fallait réserver à notre industrie les matières premières indigènes, lui
faciliter l'acquisition des matières premières étrangères, mais
éloigner d'elle la concurrence des produits industriels similaires. De là des prohibitions à l'entrée et à la sortie du
royaume, de là, des droits d'exportation et des droits d'importation excessifs. Ajoutons que le Gouvernement apportait
aux mesures adoptées de fréquentes modifications (2), soit
pour se créer des ressources, les douanes étant considérées
comme une des mines les plus faciles à exploiter ; soit pour
venir en aide à sa diplomatie (3), les relations commerciales
ayant une étroite connexité avec les relations politiques, et les
tarifs étant devenus des instruments de guerre et d'alliance.
Deux seules mesures vraiment utiles avaient été adoptées :
d'une part, la création de nombreux entrepôts sur la frontière
des provinces des cinq grosses fermes et dans les villes maritimes, de manière à faciliter la réexportation des marchandises ;
d'autre part, la régularisation de l'emploi des acquits à caution (4), précieux surtout à cette époque où le royaume était

(1) Il faut principalement citer les vins, les eaux-de-vie, les sels, les
toiles, les soieries.

(2) A peine le tarif de 1664 avait-il été établi, qu'une aggravation y
fut apportée ; les droits d'importation sur les draperies, toiles, tapisseries,
dentelles furent plus que doublées, en 1667.

(3) Nous avions, par l'augmentation du tarif, en 1667, visé la Hollande ;
il fallut renoncer à cette augmentation au traité de Nimègue, 1678, et
revenir au tarif de 1664. Il fallut, en outre, à la paix de Riswick 1697,
exempter les navires hollandais du droit de 50 sous par tonneau qui,
depuis Fouquet, frappait les navires étrangers trafiquant dans nos ports,
et constituait une prime en faveur de notre marine.

On pourrait de même citer la guerre de tarifs qui dura si longtemps
entre la France et l'Angleterre.

(4) C'est en 1664 que fut étudié le règlement des acquits à caution,
jusqu'à cette époque peu usités et mal appréciés. C'est dans cette même
année, célèbre dans notre organisation commerciale, que Colbert fonda
onze entrepôts disséminés dans les provinces des cinq grosses fermes. Le
bienfait des entrepôts ne fut étendu aux villes maritimes que dans
l'année 1670.

de tous côtés hérissé de barrières. Colbert attachait une grande importance au transit et s'était efforcé de le faciliter.

Mais la préoccupation des commerçants était d'éluder les droits : c'est à qui, simple particulier, compagnie ou ville, obtiendra des exemptions, faisant valoir la rareté de l'argent, la difficulté des communications et la concurrence des nations voisines déjà si prospères ; et la royauté, désireuse d'obtenir l'accroissement de nos manufactures, l'établissement du commerce colonial, l'expansion des facultés productives du pays, ne cesse d'accorder des privilèges.

Par ces subventions, ces concessions, ces monopoles, on avait déterminé un développement industriel très remarquable et un mouvement commercial actif. Toutefois, cette prospérité était artificielle ; et on ne pouvait ne pas rapidement reconnaître que l'intérêt général était ainsi sacrifié à l'intérêt particulier. Aussi à la fin du XVIIᵉ siècle le système protecteur était contesté : l'arbre avait porté ses fruits. Les Compagnies maritimes, malgré leurs monopoles, périclitaient, et notre navigation demeurait impuissante vis-à-vis ses rivales (1). Nos manufactures, soutenues à grands frais et fortement protégées, n'exportaient plus leurs produits ; tandis que les industries étrangères prospéraient, et leur faisaient une rude concurrence en créant des produits similaires aux nôtres (2).

(1) La Hollande était au XVIIᵉ siècle la puissance maritime la plus prospère. C'est elle que jalousaient la France et l'Angleterre, c'est d'elle que voulaient se débarrasser les Anglais en décrétant l'acte de navigation, 9 octobre 1651. Par son exclusivisme, cet acte porta une grave atteinte à la liberté naturelle du commerce ; il voulait assurer à la Grande-Bretagne le monopole de tous les transports à l'importation et à l'exportation.

(2) Nous faisions une exportation considérable de draps évalués 3o millions, et trouvions une grande facilité pour les assortiments dans l'introduction des draps fins anglais. Lorsque l'importation de ces produits étrangers fut interdite, les Anglais se mirent à fabriquer des draps grossiers semblables aux draps français et à les vendre en concurrence aux nôtres ; tandis que nous nous efforcions vainement de produire des draps

Les produits naturels de notre sol, frappés par représailles de droits énormes, ne trouvaient plus de consommateurs au dehors (1). De sorte que la France, malgré son admirable situation géographique, malgré la richesse de son sol, malgré sa supériorité de goût et l'habileté de ses ouvriers, s'appauvrissait et s'affaissait.

Le gouvernement constatait le malaise au commencement du XVIIIe siècle, en faisant une enquête sur les causes de notre décadence commerciale et sur les remèdes à y apporter ; cependant il ne s'attendait certainement pas aux vives critiques qu'il allait rencontrer. Grande dut être la surprise des conseillers de Louis XIV, lorsqu'ils entendirent les députés des provinces, parlant au nom du Languedoc, des ports de Dunkerque, Nantes, la Rochelle, Bordeaux et Bayonne, des villes de Lille et Lyon, énergiquement accuser le régime protecteur (2). Suivant eux, pour redonner la vie au commerce de la France, un changement radical devient indispensable.

Il faut supprimer tous les péages particuliers qui gênent les transports. Les monopoles accordés soit à des compagnies (3),

fins aussi bon marché que les leurs, ne pouvant nous procurer les laines espagnoles qu'à un prix excessivement élevé.

(1) Le commerce de nos vins et nos eaux-de-vie, fort appréciés à l'étranger, souffrait tout particulièrement des droits élevés dont leur importation était frappée en Angleterre et en Hollande. On y suppléait, en Angleterre, par les vins d'Espagne et ceux du Portugal, favorisés par le traité qu'a conclu, en 1703, sir Methuen, et, en Hollande, par les vins du Rhin.

Nous ne parlons pas de la législation qui réglait la circulation des blés et qui était si funeste à notre agriculture : ne peut-on pas, avec raison, lui attribuer la grande misère qui régnait alors dans les campagnes.

(2) Notre éminent collègue Dareste de la Chavanne a analysé ces mémoires dans l'*Histoire de l'Administration en France*, tome II, page 392. Nous y puisons çà et là les pensées que nous reproduisons, ce sont les plus fréquemment exprimées.

(3) Les Compagnies des Indes occidentales, de la Chine, de Guinée, du Sénégal, de Saint-Domingue, la Compagnie du commerce de castor du Canada, etc.

soit à des villes (1), doivent disparaître : laisser le commerce libre pour tous, c'est le moyen de développer nos manufactures et notre marine. La prohibition et les droits élevés mis à l'importation nous ont aliéné les étrangers et nous privent de débouchés pour nos produits.

Rétablissons les communications; rappelons les consommateurs par des concessions, car la France produit plus qu'elle ne peut consommer et ne peut se dispenser d'exporter. Comme on ne peut vendre sans acheter, recevons sous des droits modiques les denrées et marchandises étrangères; pourquoi s'effrayer de la concurrence de ces produits ? elle stimulera nos fabricants. D'ailleurs, il y a des matières premières qu'il importe d'obtenir pour nos manufactures au meilleur marché possible, en même temps que nous nous efforcerons d'en accroître la production en France (2).

Notre préoccupation constante doit être d'attirer l'abondance de toutes choses sans avoir égard aux intérêts particuliers, afin que le peuple vive dans l'aisance : là est le principe de la richesse. Évitons de produire ce que l'étranger nous donnerait à meilleur compte. S'il est raisonnable de protéger par des droits modérés une manufacture à son début, reconnaissons qu'il veut s'enrichir sur le public, l'ouvrier qui demande de gros droits et ne subsiste pas avec une protection de douze à quinze pour cent.

Cessons de réglementer, de vouloir tenir en tutelle le commerce : il est de la nature du mercure, dont on ne saurait fixer tous les mouvements. Donnons-lui au contraire la liberté, car la liberté est l'âme du commerce.

Tels sont, en substance, les principes développés dans les divers mémoires qui furent remis, en 1701, au Conseil du

---

(1) Marseille a seule le droit de faire le commerce du Levant; Lyon a le marché exclusif des soies; Rouen, Nantes, La Rochelle, Bordeaux sont les seules qui ont pu jusqu'alors négocier avec les îles d'Amérique.

(2) Les laines, les soies, le chanvre.

commerce. On voit combien le courant économique tendait à dévier de son ancien lit.

Signalons toutefois, pour être impartial, le mémoire franchement protectioniste du député de la ville de Rouen; et relevons dans le mémoire du député de Lyon, le seul, du reste, qui eût qualité pour représenter l'industrie manufacturière française, la demande « de lois somptuaires, prohi- « bant l'usage des étoffes étrangères que l'intérêt des manu- « factures françaises ordonne de proscrire ».

Ce n'est probablement pas le seul écho de protectionisme venant de Lyon, que nous eussions rencontré, si M. Anisson, seigneur de Hauteroche (1), avait eu l'inspiration de la Chambre de commerce de Lyon. Nous pouvons l'affirmer d'après l'attitude que prend dès le début cette Chambre, et qu'elle conserve pendant tout le XVIIIe siècle. Toutes ses délibérations, en effet, montrent que, tout en appréciant avec justesse certaines mesures que réclamait le commerce extérieurs, elle a constamment repoussé les idées libérales dont les députés du commerce, surtout les députés des ports de mer, se firent constamment les promoteurs dans le Conseil du commerce, et que les physiocrates réussirent à faire accepter à dater du milieu du XVIIIe siècle par le gouvernement lui-même.

Comment en eût-il été autrement? La ville de Lyon est parmi les plus privilégiées et a acquis sa grande prospérité commerciale grâce aux concessions qu'elle a successivement obtenues des rois de France depuis le XVe siècle.

Elle a des foires célèbres, dont les franchises ont fait dispa-

---

(1) Anisson, d'origine lyonnaise, était directeur de l'imprimerie royale, à Paris, depuis 1691, lorsqu'il fut, en 1700, choisi comme député au Conseil du commerce. Il conserva la direction de l'imprimerie royale jusqu'en 1705. Ses idées étaient bien plus libérales que celles de la Chambre de commerce de Lyon, et souvent, dans sa correspondance, il s'efforce de combattre les résolutions protectionistes qu'on lui transmet.

raître une partie des entraves mises à la circulation des marchandises ; aussi de nombreux étrangers y viennent chaque année, et notre cité est le plus important marché international en France.

Elle a le monopole du commerce des soies, qui ne peuvent être mises en vente dans le royaume, quelle que soit leur origine, sans avoir été préalablement présentées à la douane de Lyon : quel puissant élément de succès pour la fabrique des étoffes rencontrant, pour ainsi dire, sous sa main les matières premières les plus variées !

Elle a obtenu des mesures prohibitives qui assurent le marché intérieur aux produits de sa riche industrie si enviée par les étrangers jaloux de lui créer une concurrence.

Elle a une douane dont l'importance n'a pas cessé de croître depuis le XVI⁰ siècle, et qui est devenue une des sources des revenus de la ville.

Est-il présumable qu'elle renoncera de plein gré à ces avantages ? quelles garanties de succès peut offrir un nouveau régime économique nulle part expérimenté ?

La Chambre de commerce, chargée de sauvegarder les intérêts lyonnais, demeurera, par le mode de recrutement de ses membres, inféodée à la haute banque, à la grande industrie et aux communautés les plus influentes, c'est-à-dire à ceux qui tirent le plus grand profit des privilèges : forcément elle se constituera la gardienne des institutions qui enrichissent la cité et qui assurent son prestige ; forcément elle défendra avec énergie le système protecteur sans lequel ces privilèges n'auraient plus ni raison d'être ni valeur effective.

Dès le début, la Chambre de commerce de Lyon est donc prise dans un engrenage qui la retiendra.

CHAPITRE II

Création de la Chambre de commerce. — Divers projets de règlements. — Règlement définitif. Première élection. — Irrégularité des séances. — Lacunes dans les registres des délibérations.

L'édit qui établit les Chambres de commerce est du 29 juin 1700. L'ordre de procéder à l'organisation de la Chambre de commerce de Lyon, de réunir les marchands et négociants afin de les consulter sur la manière la plus convenable de constituer le nouveau rouage, est daté du 30 août 1701.

Le Prévôt des marchands accomplit les formalités nécessaires, convoque les délégués que les quatre corps de marchands, drapiers, merciers, épiciers, toiliers, ont choisis, et les prie de formuler leur avis. Ils répondent qu'ils ont besoin de connaître les articles sur lesquels ils ont à se prononcer, et aussi d'en référer à leurs mandants.

Le 20 février 1702, dans une nouvelle réunion, les quatre délégués apportent un projet de règlement et se retirent après l'avoir déposé, laissant le Consulat auquel s'est joint le député de la ville, M. Anisson, délibérer sur les onze articles qui composent ce règlement.

Par l'article deuxième, les négociants demandent que la Chambre de commerce soit composée de neuf membres, tous négociants ou anciens négociants, ayant au moins dix ans d'exercice : un échevin en fonction, un ex-consul, deux drapiers, deux banquiers ou marchands de soie, un épicier, un toilier et un mercier.

Par l'article deuxième, ils proposent de substituer le nom de Directeurs à celui de Syndics, énoncé dans le décret royal.

Par l'article troisième, ils décident que l'élection pour la première fois sera faite par les corps des marchands et indiquent l'ordre du renouvellement de la Chambre, la nomination étant faite pour deux années.

L'article quatrième fixe, par l'âge des membres et non par la distinction des professions, l'ordre de préséance.

L'article cinquième choisit le jour de séance hebdomadaire.

L'article sixième déclare la fonction gratuite.

Dans l'article septième, demande est adressée au Roi que la dépense de la Chambre de commerce soit prise sur les rétributions qui se feront aux confréries et aux chappelles, et non sur les fonds dont dispose le Consulat.

L'article huitième déclare qu'il n'y aura pas incompatibilité entre les fonctions de Directeur et celle de Recteur des hospices.

Par l'article neuvième, les négociants déclarent que, suivant eux, la Chambre doit être complètement maîtresse de la nomination du député près la Chambre royale de Paris, de la nomination de son secrétaire et de ses autres employés ; et que ses délibérations doivent être rigoureusement exécutées.

Les deux derniers articles portent des mesures d'ordre sans importance.

Nous avons exposé l'économie du règlement rédigé par les commerçants parce qu'il témoigne d'uns sorte d'hostilité contre le Consulat, soigneusement tenu à l'écart, et du désir d'échapper à sa tutelle.

Celui-ci ne pouvait accepter la situation qui lui était faite. Il étudie un contre-projet et prépare un règlement en seize articles dans lequel il prend le rôle qu'on ne pouvait refuser à la première magistrature municipale, surtout en tenant compte de ce fait que le Consulat avait seul jusqu'alors connu de toutes les affaires commerciales.

L'article premier donne l'entrée de droit au Prévôt des marchands dans la Chambre de commerce et lui en assure la présidence.

L'article quatrième déclare que la première élection sera
faite par le Consulat assisté des délégués des quatre corps de
marchands, c'est-à-dire en réalité par le Consulat.

Le dixième article attribue au Consulat une participation
dans la nomination du député auprès du Conseil de commerce. Comme le Consulat votera tout entier, c'est lui qui
aura inévitablement la majorité et nommera le député.

Le onzième article enlève à la Chambre la nomination de
son secrétaire, et décide que le Secrétaire de la ville sera
simultanément le Secrétaire de la Chambre de commerce.

Le quatorzième article émet le doute que le Roi consente
à annuler sa défense de percevoir des droits de confrérie, il
propose de prélever sur les deniers de la ville les frais de la
Chambre de commerce.

Enfin, comme pour répondre au mauvais vouloir des négociants par une représaille, le Consulat substitue dans la composition de la Chambre à l'un des deux drapiers un marchand
fabricant d'étoffes de soie. La subdivision des maîtres fabricants de soieries en deux classes, celle des marchands ne tra-
vaillant pas eux-mêmes et celle des fabricants utilisant pour
leur compte ou pour compte d'autrui leur métier, était toute
récente ; elle avait vivement froissé les maîtres qui en attri-
buaient la création à l'influence du Consulat : de là une
sourde animosité.

En réalité, il eût été souverainement injuste de ne pas placer dans la Chambre de commerce un représentant de l'industrie des soieries, industrie la plus importante à Lyon.

Le Consulat, pour les autres articles du contre-projet,
accepta, sous de légers changements, le règlement proposé.

Les deux projets sont remis le 18 mars 1702 à M. l'Intendant Guyet qui, conformément à l'arrêt du 30 août 1701, doit
être consulté. Les modifications apportées par le Consulat
sont approuvées ; la Chambre sera composée de dix membres

parmi lesquels seront le Prévôt des marchands et un marchand fabricant d'étoffes de soie ; le Consulat concourra à l'élection des premiers membres à nommer et à celle du député du commerce ; les frais, fixés à treize mille livres, seront pris sur les deniers communs de la ville. Cependant l'Intendant propose de laisser le jour de séance au lundi, comme l'avaient demandé les négociants, au lieu de le fixer au samedi, adopté par le Consulat.

Sur les autres articles, pas d'observations.

Le Conseil d'État rend le 20 juillet 1702 l'arrêt qui fixe le règlement définitif de la Chambre de commerce et en devient la charte constitutive.

En voici le texte :

« Le Roi, voulant faire jouir ses sujets des avantages que sa Majesté a eu intention de leur procurer en établissant un Conseil de commerce suivant l'arrest du Conseil du 29 juin 1700, sa Majesté aurait estimé utile et convenable d'établir en chacune des villes de Lion, Rouen, Bordeaux, Toulouse, Montpellier, La Rochelle, Nantes, Saint-Malo, Lille et Bayonne des Chambres particulières de commerce, où les marchands négociants des autres villes et provinces du royaume pourraient adresser leurs mémoires contenant les propositions sur ce qui leur paraîtrait le plus propre à faciliter et augmenter le commerce, ou les plaintes de ce qui peut y être contraire, pour être les dites propositions ou sujets de plainte discutés et examinés par celle des dites Chambres particulières de commerce à laquelle les dits mémoires auraient été adressés, et ensuite envoyés par les Chambres particulières avec leur avis au Conseil du commerce.

A l'effet de quoi sa Majesté aurait ordonné par arrest de son Conseil du 30 août 1701 que dans les dites villes les marchands et négociants seraient assemblés, savoir à Lion devant le Prévôt des marchands et échevins ; à Lille devant le magis-

trat ; et à Rouen, Bordeaux, La Rochelle, Nantes, Saint-Malo
et Bayonne devant les juges consuls, pour examiner et délibérer de quelle manière il serait plus convenable et avanta·
geux à chacune des villes d'y faire l'établissement des Chambres
particulières de commerce, comment, où et par qui se ferait
l'élection des syndics ou députés, et quel nombre de syndics
ou députés serait nécessaire en chacune d'icelles eu égard au
nombre des marchands qui sont établis dans les dites villes et
à l'étendue du commerce qui s'y fait ; de chacune desquelles
assemblées, ensemble de ce qui serait délibéré, il serait dressé
procès-verbal qui serait remis à chacun des sieurs intendants
ou commissaires de parties dans les départements desquels
sont situées les villes, pour être par eux envoyé à sa Majesté
avec leur avis, et être par elle pourvu à l'établissement des
Chambres particulières de commerce ainsi qu'il appartiendra.
En exécution duquel arrêt, les Prévôts des marchands et échevins de la ville de Lion auraient convoqué le 20 février dernier (1702) une assemblée générale des anciens échevins à
laquelle ils auraient aussi mandé les principaux négociants de
tous les corps de marchands pour délibérer de quelle manière
il serait plus convenable et plus avantageux à la ville de Lyon
d'y faire l'établissement de la Chambre particulière de commerce.

Vu le procès-verbal contenant la délibération faite dans
la dite assemblée sur les mémoires et avis donnés par les
députés des quatre corps de marchands, l'avis du sieur Guyet,
conseiller de sa Majesté en ses Conseils, commissaire de
parties en la généralité de Lion, sur le contenu du dit procès-
verbal et le dit arrêt du Conseil du 30 août 1701 ;

Ouï le rapport du sieur Chamillart, conseiller ordinaire au
Conseil royal, contrôleur général des finances ;

Le Roi en son Conseil a ordonné et ordonne que l'établissement de la Chambre particulière de commerce dans la ville de

Lion, en exécution de l'arrest du Conseil du 30 août 1701, sera fait de la manière qui suit :

Article 1er

La Chambre particulière de commerce de Lion sera composée du Prévôt des marchands, d'un échevin négociant, d'un ex-consul marchand, d'un marchand drapier, de deux banquiers ou marchands de soye, d'un marchand épicier, d'un marchand toilier, d'un marchand mercier ou marchand de dorure, d'un marchand fabriquant de la communauté des marchands maîtres ouvriers en soye faisant fabriquer. Et, en l'absence du Prévôt des marchands, l'échevin présidera, et l'ex-consul en l'absence du Prévôt et de l'échevin.

2

Le sieur Intendant de la généralité de Lion pourra se trouver aux assemblées de la Chambre particulière de commerce et y présider quand bon lui semblera.

3

Ceux qui seront élus pour être de la dite Chambre seront tous actuellement marchands, ou ayant fait le commerce et sujets de sa Majesté, ou du nombre des négociants étrangers établis à Lion qui auront obtenu des lettres de naturalité ou de déclaration, et seront appelés directeurs de la Chambre de commerce.

4

La Chambre particulière de commerce s'assemblera un jour de chaque semaine dans un lieu commode de l'Hôtel-de-Ville qui sera choisi et destiné par les Prévôt des marchands et échevins pour ces assemblées.

5

La première élection des Directeurs de la Chambre sera faite aussitôt après la réception du présent arrêt, par les Prévôt des marchands et échevins qui s'assembleront à cet effet avec quatre des principaux négociants députés, un de chaque corps des marchands; et la première assemblée de la Chambre particulière de commerce se tiendra dans la semaine qui suivra l'élection.

6

La seconde élection se fera le quinzième décembre de l'année 1704 par les Prévôt des marchands et échevins et par les directeurs de la Chambre en charge, et dans cette élection il sera nommé quatre Directeurs, savoir un ex-consul et trois négociants à la place de l'ex-consul et des trois plus anciens négociants de la première élection.

7

La troisième élection se fera le 15 décembre 1705 par les Directeurs en charge et par ceux qui auront déjà été directeurs; et dans cette élection il sera élu quatre directeurs à la place des quatre derniers de la première élection.

8

Les élections suivantes se feront de même tous les ans de quatre directeurs le jour quinzième de décembre, de manière que les directeurs soient au moins deux années en charge.

9

Pourront néanmoins les directeurs être continués de leur agrément au-delà des deux années, lorsque la Chambre le trouvera à propos, pour deux autres années seulement sans qu'ils puissent être continués au delà du dit temps.

10

Les ex-consuls auront la préséance sur les autres directeurs qui n'auront pas été échevins, et entre ceux qui n'ont pas été échevins, la préséance se règlera par l'âge comme dans l'Administration des hôpitaux et dans les autres compagnies de la ville.

11

Les nominations qu'il conviendra faire à l'avenir d'un député pour les affaires du commerce, soit au Conseil du commerce, ou ailleurs, se feront par le corps de ville et par la Chambre de commerce conjointement.

12

Le Secrétaire de ville sera aussi le secrétaire de la Chambre particulière de commerce.

13

Le soin et l'application des directeurs sera de recevoir les mémoires qui seront adressés à la Chambre particulière de commerce contenant les propositions ou les plaintes des négociants tant de la ville de Lion que des provinces voisines, d'examiner et discuter ces mémoires, de donner leur avis sur ce qui y sera contenu et d'envoyer le tout au sieur Contrôleur des finances lorsque les matières paraîtront importantes; ils pourront aussi faire au dit sieur Contrôleur général les représentations qu'ils estimeront nécessaires pour le bien et l'avantage du commerce.

14

Aucun parère, fait sur la place du Change, n'aura d'autorité dans les affaires du commerce, qu'il n'ait été présenté à la Chambre particulière de commerce et par elle approuvé.

15

Le secrétaire de la Chambre tiendra un registre-journal de tout ce qui sera proposé dans les assemblées et de ce qui y sera arrivé et signera les expéditions des délibérations qui y seront prises et les mémoires qui seront envoyés au Contrôleur général des finances.

16

Les délibérations qui seront prises dans la Chambre sur

les mémoires qui y seront présentés, ou sur les matières et difficultés qui y seront proposées concernant le commerce, seront signées sur le registre à la fin de chaque séance par ceux des directeurs qui seront présents, et il sera fait mention de leur signature dans les expéditions des délibérations.

17

Si les directeurs de la Chambre se trouvaient de sentiments opposés sur les matières de commerce qui y seront agitées, les opinions différentes seront écrites sur le registre, avec les noms de ceux qui auront été de chaque opinion.

18

Ordonne sa Majesté que, pour subvenir aux frais nécessaires de la Chambre particulière de commerce, il soit pris, tous les ans, sur les deniers communs de la ville, la somme de 13,000 livres, laquelle sera remise par le Receveur de la ville à celui des directeurs de la Chambre particulière de commerce qui sera nommé trésorier ; et sera alloué en dépenses dans les comptes du Receveur snr la quittance du directeur-trésorier, et passée ensuite sans aucune difficulté à la Cour des comptes nonobstant l'avis du Conseil du 18 décembre 1693, par lequel la dépense ordinaire de la ville de Lyon a été fixée.

19

La dite somme de 13,000 livres sera employée au paiement des appointements du député de la ville de Lion au Conseil de commerce, fixés à 8,000 livres ; au paiement de la somme de 2,000 livres au secrétaire de la Chambre particulière de commerce, tant pour ses appointements que pour les frais de l'écritoire, pour le bois, les bougies et chandelles ; et à payer le prix de deux jetons d'argent du poids de dix deniers qui seront donnés à chacun des directeurs à la fin de chaque assemblée de la Chambre particulière de commerce, et d'une médaille d'or du poids de cinq louis d'or, qui sera donnée à chacun des directeurs en sortant de charge à la fin des deux années de leur exercice, et au député au Conseil de commerce lorsqu'il cessera d'en faire la fonction, pour marque de la satisfaction qu'on aura eue de leurs services ; et le surplus, s'il y en a, aux autres frais extraordinaires de la Chambre.

20

Le directeur-trésorier qui sera nommé annuellement ne pourra disposer de la dite somme de 13,000 livres, ni en faire aucun paiement que sur les ordres signés au moins de six des directeurs de la dite Chambre particulière de commerce ; et seront les dits ordres rapportés avec les quittances des parties prenantes, au moyen de quoi les sommes qu'il aura payées seront allouées et passées au compte qu'il rendra de sa gestion à la Chambre particulière de commerce à la fin de l'année de son exercice, sans que le dit trésorier soit tenu de compter à la Chambre des comptes ni ailleurs qu'à la dite Chambre particulière de commerce.

21

Les fonctions de directeur de la Chambre particulière de commerce ne pourront en aucune manière dispenser du rectorat des deux hôpitaux, ni d'être élu aux charges des autres Compagnies de la ville.

Fait au Conseil du Roy, sa Majesté y étant, tenu à Versailles, le vingtième jour de juillet 1702 (1). »

Le Prévôt des marchands, aussitôt l'arrêt du Conseil d'État arrivé, invite les maîtres-gardes des quatre principaux corps de marchands à réunir leur communauté, et, conformément à l'article cinquième, à faire désigner un délégué qui prendra

---

(1) Les autres Chambres de commerce, furent constituées : à Rouen en 1703, à Toulouse en 1703, à Montpellier en 1704, à Bordeaux en 1705, à Lille en 1714, à La Rochelle en 1719, à Bayonne en 1726. Il n'y en eut jamais ni à Nantes, ni à Saint-Malo. Celle de Marseille date de 1650.

part à l'élection des membres de la Chambre de commerce, élection fixée au 19 août 1702.

Au jour dit, les deux délégués représentant les drapiers et les épiciers se joignent au Consulat ; ceux des toiliers ne se présentent pas ; et les merciers font dire qu'ils n'ont pas pu se mettre d'accord sur le choix d'un délégué, et qu'ils acceptent le choix qui sera fait dans la réunion. L'élection a lieu, et, comme on pouvait le prévoir, est en réalité faite par la municipalité. Après un discours du Prévôt des marchands, Jean Vaginay, conseiller et procureur du Roi en la sénéchaussée, siège présidial et autres juridictions, qui expose : « la gran- « deur et l'importance de l'établissement ordonné par sa « Majesté. les suites heureuses que le commerce en général et « celui de cette ville pouvaient raisonnablement espérer ; « enfin l'attention que l'on doit avoir à ne donner des suffrages « pour entrer dans la dite Chambre qu'à des personnes « également attachées au véritable intérêt de l'État et au bien « général du commerce qui doit toujours l'emporter sur « toute sorte d'intérêts particuliers », les votes sont recueillis.

Les premiers membres de la Chambre de commerce sont les sieurs : Sabot, échevin ; de Colabeau, ex-consul ; Peysson, représentant le corps des drapiers ; Hubert et Decosta, représentant les banquiers et marchands de soie ; Bouchage, représentant le corps des épiciers ; Le Bé, celui des toiliers ; Trumeau, celui des merciers et marchands de dorure ; Deboze, représentant les fabricants de soieries.

La Chambre, ainsi constituée, désigne pour son secrétaire Camille Perrichon, escuyer, avocat au Parlement, secrétaire de la ville.

Dans sa première séance, le 21 août 1702, la Chambre choisit pour son député le sieur Anisson, directeur de l'imprimerie royale à Paris, que le Consulat avait nommé, en 1700, député auprès du Conseil général du commerce (1).

Puis elle écrit au Gouverneur de Lyon, résidant à Paris, une lettre respectueuse pour solliciter sa protection. La charge était alors occupée (2) par François de Neufville, duc de Villeroy, maréchal de France, qui eut pour successeur, en 1730, son fils Louis-François de Neufville, duc de Villeroy, qu'on appela aussi duc de Retz ; l'un et l'autre accordèrent, à la Chambre de commerce, avec la plus grande bienveillance, le constant appui de l'influence qu'ils avaient à la cour.

Désormais les négociants de Lyon, qui jusqu'alors avaient eu le Consulat pour défenseur de leurs intérêts commerciaux, ont un interprète direct de leurs plaintes et de leurs désirs auprès du pouvoir central.

Le plus grand nombre auraient peut-être voulu une institution plus autonome et d'un caractère moins aristocratique ; mais telle qu'elle est, elle constitue un progrès et elle prend une place importante dans l'économie vitale de la cité.

A dater de l'année 1703, la Chambre de commerce se réunit régulièrement chaque semaine. La correspondance avec le député Anisson demeure active pendant plusieurs années ; les séances sont bien remplies ; de nombreux et importants mémoires sont rédigés ; le début, comme le début de toute institution nouvelle, est plein d'ardeur et d'entrain : mais bientôt il faut compter avec les tristes épreuves de la fin du règne de Louis XIV. Les humiliations et les revers rendent les charges plus onéreuses et plus odieuses ; l'agriculture délaissée ne fournissant plus le nécessaire, la détestable législation des céréales aggrave les résultats des mauvaises récoltes ; le commerce s'arrête parce que la guerre ferme à

(1) Archives civiles de Lyon, BB, 259.
(2) Le maréchal de Villeroy était gouverneur de Lyon depuis 1685.

nos produits les marchés de l'Angleterre et de la Hollande ;
les impôts ne cessent de croître ; une crise générale et aiguë
sévit. La Chambre de commerce traduit son découragement
par la délibération suivante, datée du 21 décembre 1709
« Dans un temps où les malheurs publics ne permettent pas
« au Conseil de travailler au soulagement du commerce, en
« sorte que toutes les remontrances qui seraient faites pré-
« sentement de la part de la Compagnie ne pourraient pas
« être favorablement écoutées, ce qui rendra, pendant quel-
« ques années, les délibérations peu fréquentes, les direc-
« teurs de la Chambre de commerce ont résolu et arrêté de
« continuer ceux qui sont en place tant et si longuement que
« M. Ravat restera dans la charge de Prévôt des marchands.
« Et, comme il ne serait pas juste de faire la même dépense
« pour les jetons d'argent et les médailles dans un temps où
« les assemblées seront plus rares, il a été résolu que, pour
« ménager la dépense, la distribution des jetons ne se fera
« que tous les deux ans, et qu'on ne donnera des médailles
« d'or que quand les sieurs directeurs sortiront de charge. »

En 1716 seulement a lieu l'élection du Prévôt des marchands, et, conformément à la délibération que nous venons
de citer, le renouvellement partiel de la Chambre de commerce. De 1709 à 1716, la correspondance a été faite par le
secrétaire, Camille Perrichon, et les séances ont été très peu
nombreuses.

Il est rare que dans un pays qui a, comme la France, beaucoup de ressort, les crises ne soient pas suivies de vives re-
prises. Les registres de la Chambre de commerce témoignent
de son activité pendant les premières années du nouveau
règne, et de ses efforts pour lutter contre les conséquences du
passé.

Elle réussit à empêcher l'établissement d'une banque à
Lyon, en 1719, et à préserver notre place des pertes que la

chute inévitable de cette banque eût, après la banqueroute de
Law, déterminées. Mais la période réparatrice, qu'elle espérait pour le commerce grâce à l'alliance momentanée que
nous avions formée avec l'Angleterre et la Hollande, ne se
réalisa pas. La refonte des monnaies, l'établissement du visa
pour les titres de créance, la création de la Chambre de
justice contre les traitants concussionnaires, la crise financière
qui suit les folies de la banque de Law, les incertitudes de la
politique, l'aggravation des impôts, tout concourt à effrayer
les esprits, à détruire la confiance, à paralyser les transactions
pendant la régence du duc d'Orléans (1715-1723) et le
ministère du duc de Bourbon (1723 à 1726).

Nous n'avons pas les délibérations de la Chambre de commerce de 1717 à 1730 (1). Mais il n'est pas difficile de sup-
poser quelle influence durent exercer de semblables événements sur un commerce essentiellement international comme
le commerce lyonnais.

Tantôt des questions sérieuses appellent l'attention de la
Chambre de commerce et nécessitent de fréquentes réunions ;
tantôt elle se reconnaît impuissante, se décourage, et alors il y
a seulement deux ou trois séances dans l'année. Comment le
commerce de Lyon, commerce de luxe et par conséquent très
impressionnable, commerce qui pour prospérer a besoin
d'ordre et de paix, n'aurait-il pas subi de continuelles et
désastreuses oscillations, lorsque des guerres, comme la
guerre de la succession d'Autriche et la guerre de Sept ans,
bouleversent à chaque instant les relations internationales ;

(1 Une seconde lacune existe dans les registres que possède la Chambre
de commerce : c'est celle des délibérations de 1765 à 1780. Mais ce registre est parmi les pièces non classées HH dans les archives de la ville.
On trouve également dans un certain nombre de dossiers, même
marqué HH, beaucoup de mémoires, de brouillons, de procès-verbaux,
etc., relatifs aux années 1718, 1719, 1724, 1728, 1729, 1751, 1754, 1755,
1756, 1771, 1781, 1783.

lorsque la France, humiliée et appauvrie, est en proie à la misère, au désordre, aux dilapidations ?

Peu à peu les articles du règlement cessent d'être respectés ; les directeurs, au lieu de quitter la Chambre de commerce après quatre années d'exercice sont maintenus huit ou dix ans dans leurs fonctions ; les jetons ne sont plus distribués ; les comptes même du trésorier ne sont pas apurés. Ainsi, dans la séance du 14 mars 1750, plusieurs directeurs récemment sortis, ayant réclamé la médaille d'or (1) à laquelle ils avaient droit en vertu de l'article 19 de l'arrêt du Conseil d'État de juillet 1702, on se demande si le défaut d'exécution de cet article « pouvait provenir de l'insuffisance des fonds

(1) La première médaille d'or, frappée en 1704, fut offerte à Mgr l'abbé Bignon, président de l'Académie des inscriptions et médailles à Paris, qui avait composé pour la Chambre de commerce et le jeton et la médaille. La face de la médaille présente l'effigie du Roi régnant ; elle a donc varié trois fois pendant le XVIIIᵉ siècle, et l'on connaît des médailles à l'effigie de Louis XIV, de Louis XV, de Louis XVI. Le revers de la médaille est demeuré le même : Louis XIV présente un caducée à la ville de Lyon, qui s'incline. Le fond est une vue de Lyon prise du confluent ; l'exergue placé à la partie inférieure : *Viri commerciis lugdunensibus regundis ;* la légende placée sur une banderolle à la partie supérieure : *Augusta commerciorum tutela.* Le diamètre est de quatre centimètres. La gravure est de Thomas Bernard. Nous donnons au frontispice un dessin de cette médaille.

M. Vacheron, dans la *Revue du Lyonnais*, 1865 et 1867 ; M. Charvet, dans une notice spéciale, *La médaille et les jetons de la Chambre de commerce*, 1878 ; M. Brossard, dans le *Compte rendu des travaux de la Chambre de commerce de Lyon*, 1877, ont décrit les jetons connus : ils sont aux millésimes 1703, 1704, 1705, 1706, 1707, 1708, 1713, 1715, 1716, 1717, 1718, 1749 ; leur module est de 31 millim. La Chambre de commerce avait adopté, pour différencier ses jetons de ceux du Consulat, des armoiries spéciales : de gueules au lion rampant d'argent, à la bordure cousue semée de fleurs de lis. Elles étaient inscrites dans un écusson circulaire qui lui-même était enfermé dans un cartouche ayant pour supports le Rhône et la Saône. Ces armoiries figurent comme avers à tous les jetons antérieurs à 1749. Le jeton de 1749 a pour avers les armoiries de la ville de Lyon dans un cartouche Louis XV placé entre le Rhône et la Saône. Le graveur de ce dernier jeton signé D. V. est Duvivier. Nous représentons les divers jetons à la fin de cette brochure.

« affectés à la Chambre (1), bien qu'ils eussent été portés
« à 20,000 fr. le 31 août 1728, et avoir pour cause des dé-
« penses imprévues qu'elle a été obligée de faire » ; et on
décide que le trésorier dorénavant rendra régulièrement
compte des 20,000 fr. qu'il aura soin de percevoir par se-
mestre ; et qu'il vérifiera si dans le passé, après avoir balancé
recettes et dépenses, il n'y a pas un excédent au crédit de la
Chambre versé à tort dans les caisses de la ville.

En 1775, même reproche adressé au trésorier de ne pas
avoir apuré les comptes avec la ville. Et, comme les séances
avaient été depuis quelques années très irrégulières, à tel
point que souvent les registres mentionnent la seule séance
tenue pour le renouvellement des membres, décision est
prise de revenir aux termes du règlement.

Cette même année, le 8 juillet 1775, on va plus loin : la question de refaire le règlement est mise à l'étude (2). Il faut dire
qu'un conflit pour la présidence avait troublé le calme habi-

---

(1) La Chambre de commerce eut, pendant tout le XVIII° siècle, de
bien faibles ressources ; aussi était-elle dans l'impossibilité de faire des
largesses, de souscrire aux œuvres qui l'intéressaient, de récompenser les
ouvriers aidant par leurs inventions au développement de l'industrie. Les
premiers statuts fixèrent ses revenus à 13,000 livres.

En 1728, ces revenus furent portés à 20,000, dont 11,500 furent
alloués au député du commerce. Les lettres patentées de 1764 et 1772,
qui s'occupent de l'administration de la ville de Lyon, fixent les revenus
de la Chambre de commerce à 15,000 livres. En 1776, l'Assemblée des
notables voulut les ramener à 12,000 ; voir les plaintes de la Chambre
à la date du 5 janvier 1776.

(2) Le nouveau règlement, mis à l'étude, présente surtout des modifications en ce qui concerne la Présidence : il voulait déclarer l'Intendant
président né de la Chambre. Un incident relevé dans un des procès-
verbaux, séance du 3 décembre 1718, caractérise l'importance qu'avait
l'Intendant : le Prévôt des marchands présidait de droit cette séance ;
l'Intendant devant venir, deux fauteuils avaient été préparés : le Prévôt
des marchands fit remplacer un des fauteuils par une chaise, l'Intendant
s'en aperçut et demanda gracieusement qu'on rapportât le fauteuil du
Prévôt des marchands.

tuel des séances, et que le Consulat avait émis la prétention de toujours présider par un de ses échevins, au mépris des droits que l'article 1er du règlement de 1702 donne à l'ex-consul, membre de la Chambre, en cas d'absence de l'échevin, nommé directeur pour l'année. Au début de chacune des séances où l'échevin, envoyé par le Consulat, prit la présidence, le directeur ex-consul protesta contre l'illégalité de la mesure, et fit insérer sa protestation dans le procès-verbal.

Mais ce n'est pas dans les incidents annuels, dans l'irrégularité des séances et les modifications du règlement que se trouve l'intérêt des registres des délibérations. Notre attention s'est portée principalement sur les principes économiques qui avaient guidé la Chambre de commerce; et nous avons voulu, en suivant pour ainsi dire jour par jour son existence, dans des documents assez nombreux encore malgré les lacunes signalées, rechercher sa physionomie morale.

CHAPITRE III

Principes de la Chambre de commerce. — Luttes contre le fisc, contre les villes rivales, contre les fermiers généraux, pour la défense des privilèges de la ville. — Votes relatifs aux matières premières et aux produits manufacturés. — L'Assemblée constituante supprime les Chambres de commerce.

Le principal caractère de cette physionomie est l'unité : telle la Chambre de commerce se montre au commencement, telle on la retrouve à la fin du siècle. Elle se fait un critérium de toutes les traditions du passé ; elle les rappelle constamment ; elle a garde de s'en écarter. Il est vrai qu'elle en trouve tout naturellement l'application, car le régime économique de la France que nous avons esquissé au commencement persiste, pendant toute la durée de ce siècle, sans aucune modification malgré les assauts que lui livrent, surtout pendant la seconde moitié du XVIIIe siècle, les physiocrates et les économistes. Les douanes intérieures que Colbert avait voulu détruire en 1664 ne cessent de présenter leurs entraves au commerce ; et, à chaque barrière, veille un percepteur qui a pour consigne d'accroître le plus possible le revenu de la ferme. Aucun traité de commerce durable n'a pu être conclu parce que, d'une part, les industries étrangères ont de nos produits une terreur (1) égale à celle que nous avons des leurs,

(1) Les efforts que les industriels de l'Angleterre ont faits pour empêcher le Parlement de ratifier les clauses du traité de commerce ébauché à Utrecht en 1713, et les réjouissances publiques par lesquelles ils célébrèrent leur triomphe offrent un spectacle curieux : c'est un renseignement sur les dispositions économiques de l'Europe à cette époque.

Il a été question, en 1708, d'un traité de commerce avec Venise ; en 1713, avec la Suisse, avec l'Espagne ; et un traité a été conclu avec la Hollande, mais pour peu de temps, le traité d'Utrecht, en 1713. Le seul traité de commerce important du XVIIIe siècle est celui de 1786 conclu avec l'An-

et, d'autre part, les guerres sont trop fréquentes : les tarifs à l'entrée et à la sortie du royaume demeurent donc subordonnés aux caprices du Gouvernement qui se laisse guider par les besoins du trésor constamment obéré, et par les exigences des manufactures avides de conserver, pour leur âge adulte et malgré les forces acquises, la même protection que pendant leur enfance. A ces conditions d'ordre général, se joignent les conditions particulières qui viennent de la situation de Lyon : cette ville continue d'être, comme dans les siècles précédents, une ressource pour nos rois. Tantôt il s'agit de dons gratuits pour s'assurer leurs gracieuses faveurs ; tantôt de sommes importantes réquisitionnées sous la menace de quelque entrave commerciale.

Lyon est un créancier complaisant qui prête à l'État de si grosses sommes qu'en 1720 elle reçoit sous le ministère de Law (1) un remboursement de 8,310,085 livres, et que néanmoins en 1787 elle est de nouveau en avance avec le Gouvernement de 38,687,822 livres.

Pour payer ses dettes, elle a besoin du maintien des privilèges qui donnent tant d'avantages à son commerce et assurent la prospérité de ses manufactures. Les franchises des foires, en effet, lui ont permis de profiter de sa merveilleuse position géographique, en communication avec le midi de l'Europe par la vallée du Rhône, en communication avec le nord par la vallée de la Saône ; et de se constituer, depuis deux cents ans, marché international considérable. Les exemptions de droits et les concessions ont contribué à établir et à maintenir un commerce intermédiaire très important, qui

gleterre, par M. de Vergennes, et défendu par Pitt contre Fox, Burke, lord Gray ; il a donné lieu aux plus vives récriminations aussi bien en France qu'en Angleterre : les événements en abrégèrent la durée, puisque la Convention déclara la guerre à l'Angleterre le 1er février 1793.

(1) Édit du 18 mai 1720, qui supprime une partie des droits sur les soies.

est la source de la richesse de ses drapiers et de ses merciers. Le passage obligatoire de toutes les soies a largement aidé le développement de la fabrique des étoffes, principal aliment des transactions sur son marché. L'institution des quatre paiements annuels, avec virements, dans la loge du change, et la grande autorité de la juridiction commerciale de la Conservation, ont donné une réputation européenne à la régularité et à la bonne foi de son commerce : de là une puissance de crédit bien précieuse pour ses négociants.

Le rôle de la Chambre de commerce, chargée de protéger les intérêts de la ville, est donc tout tracé : c'est de défendre les privilèges d'où proviennent les revenus. L'égoïsme doit cependant être sa règle. Quelques contradictions dans ses décisions montrent qu'elle est libérale quand elle le peut.

S'agit-il des billets de monnaie, dits papiers royaux ou billets de la caisse d'emprunt, que le Gouvernement veut imposer aux provinces avec cours forcé : la Chambre déclare qu'il faut les réserver à Paris, où ils rendent service à cause de l'insuffisance du numéraire, et elle les repousse énergiquement de Lyon parce qu'elle en prévoit la dépréciation (1).

Au nom de la liberté qu'elle qualifie « l'âme du commerce » et tout en reconnaissant que des services réguliers de transports auraient de grands avantages, elle se prononce contre les Compagnies (2) qui offrent de se charger des voitures par

---

(1) Délibérations des années 1706, 1707, 1749, 1790. L'État, lui-même, avait commencé cette dépréciation en 1705, en recevant ces billets pour moitié de leur valeur.

(2) Affaire des voituriers contre les fermiers des coches 1703. Privilèges pour les voitures du Rhône 1706, les voitures de Genève 1707-1712, les voitures de la Saône 1708, le service de Lyon à Roanne 1716, le droit des entrepôts pour recevoir les colis dans les villes accordé à Rochefort par arrêté du 28 décembre 1723, les messageries de Lyon à Roanne 1731, les coches sur la Loire et l'Allier en 1737 ; monopole des transports dans tout le royaume 1751 ; privilège du transit accordé aux messageries 1781.

La Chambre de commerce appuie cependant, en 1741, la Compagnie

terre, des coches sur le Rhône et sur la Saône, du service du transit dans tout le royaume ; elle craint leur monopole ; elle veut conserver aux négociants la facilité de traiter librement avec les nombreux rouliers et voituriers qui se font concurrence sur toutes les routes avoisinant Lyon et qui souvent se plaignent des fermiers des messageries.

Elle fait cependant, sans vergogne, bon marché de ce principe de liberté lorsqu'elle combat la faveur accordée à Marseille pour le transit de la Méditerranée à Genève (1) ; et lorsqu'elle s'oppose à ce que la ville de Troyes ait deux foires annuelles (2), les villes de Cette (3) et de Saint-Malo (4) la franchise de leurs ports, les villes d'Avignon (5), Tours (6), Nîmes (7) l'autorisation de recevoir des soies directement et d'éviter ainsi à leurs industriels la surcharge des frais résultant du passage obligatoire par la douane de Lyon, servitude si pesante !

Elle n'admet pas l'utilité de rendre la Loire navigable de Roanne à Saint-Rambert (8) parce qu'elle craint que cette amélioration n'attire une partie des marchandises qui remontent le Rhône et passent par Lyon ; mais elle reconnaît l'énorme avantage de créer des communications faciles et appuie l'ouverture du canal de Bourgogne (9), du canal de

qui offre le service entre Lyon et Bordeaux par Limoges ; les transports y sont mal établis, et il faut d'ailleurs remarquer que cette ligne ne fait pas concurrence aux voies fluviales du Rhône et de la Saône. La discussion pour la concession faite du transit général, commencée en 1781, donne lieu à un sérieux conflit avec l'Intendant.

(1) Délibérations de 1703 et 1704.
(2) 1706, 1716. C'était le rétablissement des foires de Champagne.
(3) 1714, 1716.
(4) 1737.
(5) 1707, 1717. La Lutte contre Avignon fut vive et longue.
(6) 1703, 1740. Les députés du Ponent prirent parti pour Tours.
(7) 1714, 1749.
(8) 1703, projet vivement appuyé par l'Intendant.
(9) 1738.

Beaucaire (1), du canal de Tarascon (2), du canal de Givors (3), du canal du Rhône au Rhin (4) ; ces entreprises ne pouvaient qu'être favorables au commerce de Lyon.

Elle crie misère, elle déclare qu'on la ruine, elle a mille raisons à faire valoir pour que Lyon soit tout particulièrement épargné lorsque le gouvernement annonce la création de nouveaux offices (5) ou l'augmentation et l'extension des impôts de contrôle, d'enregistrement et de timbre (6).

La lutte de la Chambre de commerce avec les fermiers généraux est encore plus passionnée, plus fréquente. Le contact entre les percepteurs et les négociants est journalier, les conflits se produisent dans toutes les provinces.

Les fermiers généraux trouvent exorbitante la franchise accordée aux marchandises qui sont expédiées de Lyon pendant les foires, et les autres privilèges qui ont été accordés au commerce lyonnais. Ils les contestent (7), ils s'efforcent de les atténuer en faisant revivre des droits locaux non mentionnés dans les conventions et en augmentant les bureaux de perception.

La Chambre de commerce est obligée de défendre les mar-

---

(1) 1739, de Beaucaire à Cette.

(2) 1749, de Bone à Tarascon.

(3) 1757, de Givors à Bothéon sur la Loire.

(4) 1778.

(5) Inspecteurs des manufactures de soieries, contrôleurs des voitures, contrôleurs des fils d'or, visiteurs des toiles et draperies, contrôleurs des poids et mesures, en 1704. Impôt sur les contrats de notaires, 1707. Augmentation du nombre des agents de change. 1706. Conseillers de police, 1707. Contrôleurs des bus, 1708. Contrôleurs de l'argue, 1708. Enregistrement des actes notariés, 1731. Contrôleurs des arts et métiers, 1745. Enregistrement des Sociétés, 1762. Timbre de toute espèce de contrat, 1787.

(6) Pendant la seconde moitié du siècle, le gouvernement a recours à des impôts plus généraux et à des taxes plus larges : il n'y a plus de création d'offices particuliers, pour le commerce du moins.

(7) En 1712 les fermiers généraux contestent l'exemption des droits de sortie ; en 1715 ils soutiennent qu'ils peuvent percevoir la totalité des droits d'entrée.

chandises voyageant avec la marque des foires de Lyon contre
la coutume de Bayonne (1), la foraine d'Arzac (2), la comptablie de Bordeaux (3), la foraine d'Anjou (4) ; contre des droits
indûment perçus par la douane de Valence aux bureaux de
Bourg (5), de Valence (6), de Montluel (7), de Seyssel (8). Elle
soutient (9) un procès pour ne pas payer un droit de 4 sols
par livre qu'elle considère comme injustement réclamé sur les
marchandises importées de l'étranger. Elle proteste vivement
contre les mesures vexatoires, déballage des colis (10), plom-
bage sur la route (11), marque des balles expédiées à l'étranger (12), ouverture et visite des soies (13), pesage obligatoire (14) que l'imagination fertile des fermiers généraux
invente pour obvier à la fraude.

Par l'énergie déployée dans la défense des foires et de la
juridiction de la Conservation (15), on peut être certain que la
Chambre de commerce aura maintenu avec rigueur les principes économiques qu'elle a reçus et qu'elle considère comme

---

(1) 1706. Ce droit frappait les marchandises allant en Espagne.
(2) 1707. Droit de passage dans le Languedoc.
(3) 1736, 1754. Droit local antérieur à la réunion de la Guyenne.
(4) 1742. Droit de passage dans cette province.
(5) 1706. Créé pour surveiller la route de la Franche-Comté.
(6) 1725, 1759. Il s'agit d'interprétations du tarif primitif.
(7) 1752. Créé pour surveiller la rive droite du Rhône.
(8) 1752. Chargé de surveiller la route de Genève.
(9) 1749. On contestait que la douane de Lyon fut bureau d'entrée.
(10) 1730. Sous prétexte d'en vérifier le contenu.
(11) 1728.
(12) 1730. Il y avait déjà des marques spéciales mises à la douane.
(13) 1751. Cette visite détériorait la soie.
(14) 1782.
(15) On conteste à la Conservation : en 1703 l'exemption de l'enregistrement pour les actes de sa procédure ; en 1705 le droit de connaître des
faits de transports ; en 1742 le privilège de la contrainte par corps ; en
1757 et 1759 le droit de connaître des affaires commerciales en dehors
des temps des foires ; en 1790 le droit de faire exécuter ses jugements en
Dauphiné.

les meilleurs pour l'industrie. Ils sont, du reste, en faveur, depuis Colbert, et toute l'Europe les a acceptés..

Les matières premières doivent être fournies aux manufactures locales au meilleur marché possible ; et les manufactures concurrentes étrangères doivent être entravées dans leur production. De là, défense d'exporter les matières premières indigènes sous les peines les plus sévères, permission d'introduire toutes les matières premières étrangères.

La Chambre de commerce vote pour la libre entrée des fils de Hollande, dont la fabrique des dentelles au Puy a besoin (1) ; pour la libre entrée des noix de galles nécessaires aux teinturiers (2). Elle se prononce pour qu'on prohibe à l'exportation les laines françaises (3), puis les soies teintes en France (4) ; elle met tout en œuvre pour empêcher la prohibition des soies de Piémont, qui est demandée tantôt pour favoriser la sériciculture de la Provence (5), tantôt pour exercer des représailles, le roi de Savoie ayant interdit l'entrée des draps français dans ses États (6). Si elle ne s'associe pas aux mouliniers de Salon pour demander l'entrée libre des grèges étrangères (7), c'est que les finances de la ville de Lyon bénéficient de la taxe sur les soies (8) ; mais elle tient à ce que ce

(1) 1703 ; il s'agit seulement des fils fins qui ne peuvent pas se faire en France.

(2) 1708.

(3) 1703, 1707, 1719, 1730. L'Angleterre agissait de même pour les laines.

(4) 1741 ; il s'agit de détruire une manufacture de soieries récemment fondée à Naples.

(5) 1733. Les fileurs du Midi prétendaient suffire à la consommation.

(6) 1730, 1732, 1733.

(7) 1759. Le moulinage souffrait de la disette des grèges.

(8) L'arrêt du 18 mai 1720 avait réduit tous les droits à un seul de 20 sols par quintal réservé aux fermiers généraux. Le Consulat et la Chambre de commerce y avaient consenti sous la condition que l'État prendrait à sa charge la part des dettes de la ville, s'élevant à 8,318,085 livres, qui était garantie par les droits supprimés, tiers sur taux et quarantième.

A dater de l'année 1722, un nouveau tarif fut établi : l'édit du 20 jan-

droit, sur la matière première indispensable à la grande manufacture lyonnaise, demeure modéré, et elle proteste vivement dès qu'on l'élève (1).

Le principe pour les produits manufacturés était inverse de celui mis en pratique pour les matières premières : l'exportation de nos produits devait être facilitée, et l'importation des étoffes étrangères, pouvant faire concurrence aux nôtres, devait être interdite. Il faut voir avec quelle persévérance la Chambre de commerce insiste pour qn'on prohibe l'usage des toiles de l'Inde (2), allant jusqu'à demander qu'on saisisse sur ceux qui les portent les vêtements faits avec ces tissus et qu'on punisse les contraventions par de fortes amendes ! Elle ne veut pas qu'on laisse entrer les toiles de coton écrues que réclament les imprimeurs ; elle exige même qu'on interdise (3) aux manufacturiers français d'imiter, dans n'importe quelles étoffes, les dessins de ces toiles peintes que la mode a adoptées, au détriment de nos soieries façonnées, et auxquelles la prohibition donne le puissant attrait du fruit défendu (4). La Chambre de commerce demande,

vier 1722 met un droit de 14 sols par livre sur les soies étrangères et déclare la ville de Lyon bénéficiaire de cette taxe en raison des services pécuniaires rendus au Roi. De même, en 1758, parce que la ville offre un secours de 6,800,000 livres, on lui rend la perception du droit de 3 sols 6 deniers à percevoir sur les soies indigènes, droit qui avait été établi en 1722, puis supprimé en 1755 : c'était le gage de ses créanciers prêteurs.

(1) 1717, 1759.

(2) 1703, 1705, 1716, 1721, 1726, 1731, 1750, 1757.

(3) 1710, 1749. Elle demande, en 1759, la suppression de l'atelier d'impression élevé à Fontaines-sur-Saône.

(4) On constate, pendant le XVIIIe siècle, les mêmes successions de vogue et de délaissement pour les étoffes façonnées, qui ont attristé les fabriques de Lyon au XIXe siècle : avec les mêmes causes, changements dans les mœurs, dans les costumes et dans les fortunes, revient le même effet, la vogue des tissus bon marché.

ailleurs, de gros droits d'entrée sur les soieries d'Italie (1) et principalement sur les velours de Gênes (2).

Mais elle insiste pour modifier le système restrictif lorsqu'il s'agit d'un commerce extérieur favorable à nos intérêts ; et, avec la facilité de sortie pour nos marchandises (3), recommande la modération des droits à l'entrée des marchandises étrangères. Ainsi, les Lyonnais ont une participation importante dans le commerce qui se fait avec l'Amérique espagnole par Cadix, et ils en tirent les matières d'or et d'argent dont l'abondance est si utile à la place de Lyon et à la manufacture de dorure largement organisée (4) ; la Chambre de commerce ne cesse de prier le Gouvernement d'être très prudent vis-à-vis l'Espagne alors même qu'elle proteste le plus amèrement contre les vexations de la douane de Cadix et contre les prélèvements énormes, arbitraires, du trésor espagnol sur les espèces que rapportent les flottes et les galions (5). Elle tient le même langage conciliant, quand elle parle de l'Angleterre, où cependant des lois prohibitives frappent nos produits : et ne montre-t-elle pas le prix qu'elle attache au marché anglais lorsqu'elle érige la contrebande en une institution utile ? Elle écrit à son député (6) qu'il faut favoriser les petits bateaux irlandais qui viennent faire la contrebande à Bordeaux sur le

(1) 1715. Il y avait alors de grandes souffrances dans l'industrie des soieries, et la crise de 1709 se prolongeait très intense.

(2) Pendant la guerre avec Gênes, la fabrique des velours similaires à ceux de Gênes avait à Lyon pris de l'extension : on demande, à la fin de la guerre, en 1741, de protéger cette branche de fabrication en triplant les droits sur les velours fabriqués à Gênes.

(3) 1711, 1738, 1787.

(4) Nous avions à Lyon l'argue, l'affinage, l'écachage, le tirage d'or et nous fabriquions des galons, passements, étoffes en or et en argent.

(5) 1703, 1728, 1737, 1742, 1750. On attendait quelquefois sept ans pour la réalisation, entre le départ et le retour des galions.

(6) Lettre à M. Palerne, du 26 janvier 1736. M. Palerne était député du commerce pour Lyon, depuis l'année 1723. M. Anisson était mort en 1721. M. Palerne donna sa démission en 1751.

littoral, car « c'est un débouché considérable pour nos fabri-
« ques qui entretient une réciprocité de commerce utile et
« avantageux au royaume et à Messieurs les fermiers géné-
« raux par les matières nécessaires à nos manufactures qu'ils
« nous apportent d'Angleterre ».

A l'intérieur, pour ce qui concerne notre industrie des
soieries, elle se tient en dehors de la querelle entre les maîtres
marchands et les maîtres ouvriers ; mais, à cause de l'organisation particulière de notre manufacture, qui est composée de
petits ateliers disséminés et difficiles à surveiller, elle estime
la sévère exécution des règlements indispensable soit pour le
maintien de l'ordre, soit pour la conservation de la qualité
des étoffes et de la réputation des manufactures ; elle repousse
les propositions de M. de Gournay de supprimer les maîtrises,
puis d'élargir le cadre des sociétés en commandite (1), afin
de faciliter l'établissement des ouvriers comme maîtres marchands ; elle appuie, en 1776, le maintien de la communauté
des fabricants en jurande ; et, en 1778 (2), lorsque, pressée
d'admettre la liberté de produire toute sorte de tissus, elle
souscrit à un tempérament dans les anciens règlements, elle
impose des formalités restrictives, telles qu'une demande

(1) 1752, 1755. Gournay, disciple de Quesnay, essaya, autant qu'il le
put, de faire prévaloir les doctrines libérales de l'École. Ses lettres à la
Chambre de commerce sont très pressantes.

(2) 28 mars 1778. On en fit application, peu de temps après, à propos de
l'étoffe dite *batavia*, dans laquelle il s'agissait de mélanger de la soie cuite
et de la soie crue, mélange défendu par les règlements ; il fallut une
enquête et un avis favorable du Consulat, qui fit une ordonnance pour
fixer la largeur, la composition, l'armure de l'étoffe. La Chambre de commerce avait donné son avis sur ce tissu nouveau le 11 juillet 1772.

La délibération du 28 mars 1778 eut lieu à la suite de l'enquête or-
donnée par Necker. On sait qu'en 1779 des lettres patentes reconnurent
aux fabricants et manufacturiers la liberté soit de se conformer aux règlements, soit d'adopter, dans la confection de leurs étoffes, telles dimensions ou combinaisons qu'ils jugeraient à propos.

spéciale adressée au Consulat et approuvée par les maîtres
gardes et par la Chambre de commerce.

Telles sont les appréciations que nous suggèrent les délibérations de la Chambre de commerce; elles suffisent pour
en faire connaître l'esprit. Nous la verrons d'ailleurs à l'œuvre dans les chapitres suivants, et nous étudierons alors son
rôle vis-à-vis le commerce lyonnais.

Ce ne sont pas ses doctrines économiques qui sont repro-
chées à la Chambre de commerce de Lyon, lorsqu'elle est
frappée en 1791.

Les tarifs proposés à l'Assemblée des notables en 1787,
modifiés en 1790 et votés par l'Assemblée constituante en 1791,
enregistrent des prohibitions à l'entrée et des interdictions
encore plus nombreuses à la sortie, et frappent d'un droit
d'entrée certaines matières premières, même la soie.

Et c'est un manufacturier lyonnais, Goudart, nommé à
Lyon pour représenter le tiers état, qui expose dans différents rapports (1) les principes protectionnistes destinés à
servir de base à la législation des douanes en 1791.

Ce que l'on doit reprocher à la Chambre de commerce, c'est
d'être une institution du régime administratif que l'Assemblée
constituante veut radicalement détruire. N'a-t-elle pas constamment conservé au nombre de ses membres le Prévôt des
marchands, un échevin et un ex-consul? Ne constitue-t-elle
pas une aristocratie? Ne fait-elle pas partie du système de
surveillance du commerce déclaré dispendieux et inquisito-
rial, de ce système contraire aux principes de liberté?

Goudart, qui joue le rôle principal dans le Comité d'agriculture et de commerce, demande la suppression des bureaux
et des droits de visite, et en même temps celle des Chambres

---

(1) 30 novembre 1790, 31 janvier 1791, 24 août 1791.

(2) Nous n'avons pas le rapport de Goudart fait pour justifier le décret
du 27 septembre 1791.

de commerce. Il fait voter, dans la séance du 27 septembre 1791, le décret dont voici la teneur :

Art. 1er.

Toutes les Chambres de commerce, qui existent dans le royaume sous quelques titres et dénominations qu'elles aient été créées ou formées, sont supprimées à compter de la publication du présent décret.

Art. 2.

Les bureaux créés pour la visite et marque des étoffes, toiles et toileries sont supprimés, ainsi que les dites visites et marques. Les Commissions données aux préposés chargés du service des dits bureaux, ainsi qu'aux inspecteurs et directeurs généraux du commerce et des manufactures, inspecteurs ambulants et élèves des manufactures, sont révoquées.

Art. 3.

Le bureau créé à Paris pour l'administration du commerce et des manufactures, par le règlement du 2 février 1788, ainsi que le bureau de la balance du commerce, sont également supprimés, et toutes les Commissions données aux personnes qui composent les dits bureaux sont révoquées.

Le vieux régime municipal de Lyon avait été supprimé un an auparavant, et le premier maire de Lyon, Savy, successeur du dernier Prévôt des marchands, Tolozan de Montfort, avait présidé les séances de la Chambre pendant la dernière année, 1790 (1). A son tour, la Chambre de commerce disparut.

Elle avait vécu quatre-vingt-dix ans : créée par édit du 29 juin 1702, supprimée par décret du 27 septembre 1791.

Elle laisse le commerce de Lyon très florissant, puisque dans le rapport fait par Vendermunde à la Convention na-

____

(1) Deux Conseillers municipaux firent, avec le Maire, partie de la Chambre de commerce pendant cette dernière année.

tionale les exportations de Lyon sont évaluées à cent vingt millions de francs, dont les trois quarts pour l'étranger.

Cette prospérité, comme nous l'avons plusieurs fois fait remarquer, provient des privilèges et des mesures qui ont successivement ouvert de larges brèches dans la muraille dont le système prohibitif enserrait le commerce en France : elle date donc des siècles précédents.

La franchise des foires et l'exonération d'une partie des droits imposés sur la marchandise en circulation avaient donné naissance au commerce international de Lyon.

La franchise du port de Marseille (1), prononcée par l'édit de mars 1669 qui déclare « le port, le havre et la ville de Marseille francs et libres à tous marchands et négociants et pour toute sorte de marchandise » avait activé ce commerce.

Les acquits à caution qui, suivant la déclaration de février 1670 « font des ports du royaume pour les négociants tant Français qu'étrangers, comme une étape générale pour y tenir toutes sortes de marchandises » avaient été rapidement adoptés par les Lyonnais et avaient développé le transit.

La Chambre de commerce a donc trouvé une situation toute faite : son rôle a été de maintenir les immunités qui permettaient aux négociants lyonnais d'attirer et de retenir à de bonnes conditions les marchandises étrangères. En même temps elle s'efforçait de conserver ouverts les marchés du dehors en insistant pour que le Gouvernement, par des concessions dans les tarifs, arrêtât les prohibitions et les représailles fatales à notre exportation, et qu'il fixât par des traités de commerce, indispensables à la sécurité de nos transactions, les rapports de la France avec les puissances étrangères.

(1) La même franchise avait été accordée à Bayonne et à Dunkerque.

CHAPITRE IV

Manufacture des soieries. — Opinion de la Chambre de commerce sur les règlements : elle se prononce contre la liberté des maîtrises et contre celle des commandites. — Les commissionnaires et les envois d'échantillons à l'étranger. — La concurrence étrangère et les mesures douanières prohibitives pour s'en défendre : causes de la modération qu'elle demande de mettre dans les rapports avec l'Italie, l'Angleterre et l'Espagne. — Les crises dont l'industrie a souffert.

L'organisation intérieure de la manufacture des étoffes de soie subit au XVIIIe siècle une profonde modification.

La liberté la plus complète avait été admise au début : aucune garantie ni de fortune ni de savoir n'était exigée des ouvriers italiens ou avignonnais qui émigrèrent à Lyon, sauf de ceux qui demandaient au Consulat quelques secours pécuniaires. « Il n'est pas douteux, dit la Chambre de commerce (1), « que nous devions à la liberté l'établissement de la fabrique de « soyerie de Lyon. Les Lucquois (2), nos auteurs, en jetèrent « les fondements, et elle s'accrut à l'ombre de cette liberté qui « donnait accès à tous les ouvriers étrangers, utiles dans ces « premiers temps pour nous instruire dans l'art de la fabrique. « Ils firent des élèves qui, peu à peu, se multiplièrent, et « bientôt cet objet, devenant digne de l'attention du souve- « rain, il parut nécessaire de donner une forme à cette manu-

(1) Rapport du 24 février 1753, où la situation de la fabrique est très longuement exposée.

(2) Cette tradition de la Chambre de commerce, qui fait des Lucquois les fondateurs de l'industrie lyonnaise, mérite attention. L'exode des Lucquois, pendant le XIVe siècle, à la suite des guerres civiles, et leur dispersion en Italie, en France, en Allemagne, sont des faits connus. Faut-il admettre que les riches négociants italiens qui étaient établis à Lyon y attirèrent quelques-uns de ces réfugiés lucquois, ouvriers tisseurs en soie ? Serait-ce là cet embryon d'industrie, ce commencement auquel Louis XI fait allusion dans ses lettres patentes de 1466 ?

« facture et de lui prescrire des règles et des lois pour parvenir
« plus sûrement à la perfection de l'étoffe, rendre la fidélité
« de l'ouvrier moins équivoque et établir la confiance du con-
« sommateur. » Ces règlements séparèrent hiérarchiquement
les membres de la communauté en trois classes : les maîtres, les compagnons, les apprentis.

Au XVII⁰ siècle, les difficultés pour l'obtention de la maîtrise
augmentent. Toutefois les maîtres sont tous égaux ; ils peuvent
fabriquer et vendre leurs produits ou fabriquer pour autrui.

Au début du XVIII⁰ siècle éclate la lutte entre les maîtres ;
et deux classes tendent à se former : les maîtres tenant bou-
tique et s'occupant de vendre, les maîtres ayant des ateliers
et s'occupant de fabriquer. La communauté s'étant endettée,
les droits de réception sont augmentés : l'exclusivisme s'exa-
gère. L'amour des privilèges et des distinctions hiérarchi-
ques, qui avait divisé les maîtres et les compagnons,
devient la cause des divisions entre les maîtres. L'éducation et
la richesse veulent dominer ; la question de l'égalité dans les
charges et dans les bureaux de la communauté et celle de
l'influence en matière de tarif pour les salaires passionnent
les parties. La scission est opérée à la fin du XVIII⁰ siècle
entre les maîtres à façon et les maîtres marchands, mais non
sans des discussions et une résistance dont les mémoires du
temps et les modifications incessantes des règlements (1) con-
servent le souvenir douloureux.

Dans cette lutte, qui s'envenime au point d'ensanglanter les
rues par l'émeute de 1744 (2), le Consulat, chargé de la police

(1) 1700, 1702, 1712, 1731, 1737, 1744, 1745, 1759. A cette époque,
comme de notre temps, les ouvriers se plaignent de l'étirage et de la charge
qui affaiblissent les soies, les énervent, en rendent le tissage difficile et la
qualité défectueuse.

(2) Il y eut une seconde émeute en 1786 mais motivée par une augmentation sur les façons. Les ouvriers voulaient un tarif minimum,
l'imposaient par la violence et étaient momentanément soutenus par

des arts et métiers, prend une part active, mais la Chambre de commerce n'intervient pas. Toutefois, par les échos qui résonnent çà et là dans ses délibérations, il est évident qu'elle approuve les modifications successivement apportées dans l'organisation de la manufacture des soieries.

En 1704, elle déclare excellents les règlements que M. Amelot vient d'adopter.

En 1707, elle adresse des félicitations à son député, M. Anisson, pour l'arrêt qu'il a obtenu du Conseil, « arrêt nécessaire « pour la conservation de notre manufacture. Cette décision « du Conseil est conforme à l'avis de Messieurs du Consulat, « qui connaissent parfaitement ce qui convient le mieux à « toute la communauté. »

Dans une lettre adressée à M. Palerne (1), député de la Chambre, le 12 mai 1738, elle exprime la crainte que les nouveaux règlements arrêtés au Conseil, et favorables aux ouvriers, « ne contribuent pas à établir la paix et l'union dans « cette communauté, qui seraient pourtant bien à désirer. « Nous sommes bien persuadés que c'est l'intention du

le Consulat et le Gouvernement effrayés. A peine le calme est-il rétabli qu'un arrêt du Conseil d'État, daté du 3 septembre 1786, « déclare que « les salaires des compagnons et artisans seront réglés de gré à gré et à « prix débattu, entre le maître fabricant et l'ouvrier suivant le temps, « les circonstances, la nature de l'ouvrage et la capacité de l'ouvrier ; il « est fait défense aux ouvriers de se concerter entre eux pour faire hausser « le prix de leurs salaires d'une manière uniforme ». Les émotions ayant reparu dans la cité ouvrière, Sa Majesté est bientôt obligée, le 8 août 1789, de surseoir à l'exécution de l'arrêt de 1786 et d'autoriser des réunions d'une Commission chargée de fixer le prix des façons, « prix qui servirait, « du reste, dans toutes les contestations ». Les maîtres fabricants refusent de prendre part aux délibérations, puis protestent contre le tarif proposé par la Commission dont les ouvriers ont régulièrement fait partie. Le Roi passe outre et le 20 novembre 1789 ordonne que « par provision, le « prix des façons porté sur le dit tarif sera payé aux maîtres ouvriers. »

(1) Dans une lettre précédente, juillet 1733, elle écrivait : « Le procès « qu'il y a entre les gros et les petits fabricants nous touche moins que « les prétentions des Avignonnais. Nous nous en rapportons aux avis qui

« ministre; mais comme ces règlements regardent un grand
« nombre de personnes dont les intérêts sont différents, il
« ne serait pas surprenant que celles-ci, n'ayant pas été con-
« sultées avant que de les rendre, on n'eût pas eu le bonheur
« de les concilier dans cette compilation. »

En principe, la Chambre de commerce estime que les règlements sont indispensables; « c'est à leur exacte observation
« que nous devons l'accroissement immense et la supériorité
« que notre fabrique a acquis ». Et lorsque M. de Gournay, intendant du commerce, afin de faire cesser les pénibles
contestations qui existent dans les communautés indus-
trielles et afin de donner plus d'élan aux manufactures,
propose de revenir au système de la liberté et de supprimer les dures lois de la maîtrise, la Chambre, le 24 février 1753, se prononce très vivement contre cette proposition. « L'invention, dit-elle, est produite par la méditation,
« par les combinaisons, souvent par le hasard; mais il en est
« autrement d'un art connu; il a ses principes et ses règles,
« qui n'ont été établis qu'après beaucoup de réflexion, de rai-
« sonnement et d'expérience; il est donc d'une absolue néces-
« sité de les connaître pour devenir imitateur. » Soyons jaloux
de la conservation de notre supériorité et tenons-nous sur
nos gardes dans la crainte qu'on ne vienne nous l'enlever.
« L'époque de 1685 fut fatale à notre fabrique moins par la
« privation des ouvriers qu'elle lui enleva que par les éta-
« blissements qu'elle occasionna en Angleterre et en Hol-
« lande. Malgré cette concurrence, quelle progression n'a pas
« faite la nôtre depuis ce temps-là! On ne comptait en 1685

« ont été envoyés au Conseil. Il ne peut jamais que prendre un bon parti
« et auquel nous sommes persuadés que tout le monde se soumettra. Et
« si les petits ouvriers ont député pour leur défense des gens peu mesu-
« rés, nous n'avons rien à faire à cela puisque la matière est sous les yeux
« du Roi et de son Conseil qui saura leur imposer silence. »

« que 2,000 métiers qui occupaient à peine 10,000 personnes;
« par un état fait en 1739, il résulte un nombre de 7,500 métiers
« et 48,500 personnes qui en étaient dépendantes; enfin, par
« le dernier qui vient d'être fait, nous possédons 10,000 métiers
« et 60,000 personnes y sont occupées. »

« Le luxe qui s'est si universellement répandu, le port de
« l'étoffe de soie, devenu si commun à tous les états, ont favo-
« risé cette augmentation. Il n'est pas douteux qu'elle n'eût
« été bien plus forte s'il n'y avait pas eu des fabriques établies
« en Angleterre, en Hollande et ailleurs. Mais le coup est
« frappé, et nous ne devons nous attacher aujourd'hui qu'à
« mériter une préférence soit par la perfection et la fidélité de
« nos ouvrages, soit par l'élégance du goût. Nous pouvons
« nous flatter d'en être en possession, puisque chaque jour
« nous voyons aborder ici un nombre infini de marchands de
« toutes les nations, et surtout de l'Allemagne, qui viennent
« enlever nos étoffes. Il est vrai que nous avons perdu un
« débouché chez les Anglais et les Hollandais, mais ils
« n'étaient ci-devant qu'intermédiaires entre nous et les peu-
« ples du Nord; aujourd'hui, nous fournissons à droiture
« toutes les parties de l'Allemagne, le Danemark, la Suède,
« la Prusse, la Pologne et nous avons enfin pénétré dans la
« Russie, qui forme un objet des plus essentiels de notre con-
« sommation. Rien ne ressemble moins à la triste peinture que
« l'on fait du dépérissement de notre manufacture. Dans cet
« état, il serait dangereux d'introduire cette liberté que l'on
« nous propose. Bientôt la fabrique étrangère s'enrichirait de
« nos dépouilles; nous verrions des colonies entières se déta-
« cher pour venir s'instruire et se former à notre école et
« porter chez eux notre industrie et notre goût; nous verrions
« ces marchands allemands, jusqu'à présent acheteurs de nos
« étoffes, contracter des sociétés avec nos commissionnaires
« étrangers et former de nouveaux établissements pour les

« transplanter dans leurs contrées lorsqu'ils auraient acquis
« les lumières suffisantes pour se passer de nous ; nous ver-
« rions une multitude de fabricants de toute espèce et de toute
« nation s'immiscer à faire des étoffes, courir à l'achat des
« soies, en faire augmenter le prix au point qu'ils seraient
« victimes de leur épreuve et anéantis au moment de leur
« naissance. Dans quel chaos nous trouverions-nous plongés !
« Plus de règles, plus de fidélité et, par une suite funeste, la
« confiance de nos consommateurs s'évanouissant, nous entas-
« serions un amas d'étoffes informes qui entraîneraient la des-
« truction totale du fabriquant et de la fabrique. Mais non !
« ces malheurs ne sont que dans la spéculation. Attachons-
« nous à ce qui existe et, jetant un œil de complaisance sur
« l'état florissant de notre fabrique, disons avec confiance que,
« si la liberté lui a donné naissance, la règle l'a fortifiée et a
« dirigé ses opérations, l'industrie et le génie ont étendu sa
« réputation ; il ne reste donc à désirer que des temps calmes
« et heureux pour lui assurer une continuité de prospé-
« rité (1). »

(1) Lorsque, plus tard, le 16 novembre 1754, l'Intendant, au nom du
Gouvernement, dépose un projet d'arrêt qui déclarera admis à la maîtrise
dans telle ville qu'ils choisiront les ouvriers justifiant d'un apprentissage
et d'un compagnonnage chez les maîtres habitant villes où il y a jurandes,
la Chambre oppose les règlements relatifs aux forains : on ne peut les
dispenser du chef-d'œuvre ; on ne peut pas les admettre sans les avoir
éprouvés par un stage garantissant leur moralité, etc., etc.

En 1755, la Chambre de même s'associe à l'opposition des fabricants
aux modifications qu'on voulait apporter dans les règlements : réduction
du temps de l'apprentissage, admission des filles dans le tissage, permission
d'avoir un atelier de neuf métiers dont quatre en étoffes unies ; diminution
des droits de maîtrise ; partage égal des honneurs de la communauté
(comme du reste avait voulu l'établir le règlement de 1737 favorable aux
ouvriers) entre les maîtres ouvriers et les maîtres fabricants.

La lutte contre les idées économiques, qui devenaient de jour en jour
plus puissantes, fut très vive au milieu du XVIIIᵉ siècle : la Chambre
multiplia les mémoires en réponse à MM. de Machault et de Gournay, qui
s'efforçaient de donner au commerce et aux manufactures la liberté.

On ne peut douter qu'en se prononçant contre la liberté des maîtrises dans la fabrique des soieries, la Chambre ait eu en vue les garanties professionnelles données par les règlements et non l'institution elle-même. Le 9 février 1737, les épiciers avaient, en effet, demandé à être constitués en maîtrise, et la Chambre de commerce avait émis l'avis « que, les privilèges « et franchises de la ville de Lyon consistant principalement « dans la liberté de commercer de toutes sortes de marchan- « dises permises, ce serait gêner celui de l'épicerie que de « l'ériger en maîtrise et jurande ».

Au reste, la crainte que des étrangers capables de nuire à la fabrique ou que des personnes ignorantes, dont l'inex- périence professionnelle serait fatale à la bonne réputation des étoffes, ne pénètrent dans le corps des maîtres par quel- que brèche faite aux règlements, réapparaît lorsque la Chambre de commerce est appelée à se prononcer sur l'ex- tension des sociétés en commandite.

L'article premier du titre onzième du règlement du 19 juin 1744, reproduisant les prescriptions des anciens statuts (1), défend aux maîtres marchands et maîtres ouvriers à façon de communiquer directement ni indirectement les privilèges qui leur sont attribués soit en prêtant leurs noms, pour fabriquer ou faire fabriquer, à ceux qui n'en n'ont ni droit ni qualité, soit même en formant des sociétés pures et simples, ou en commandite; c'est ce que l'on nommait l'*avouage*. M. Ma- chault, étant garde des sceaux, fait adopter par le conseil, le 20 janvier 1754, un projet qui déroge de cet article et autorise les maîtres, dans la fabrique des étoffes de soie, à faire des sociétés en commandite, même sous seing privé, avec telle personne que bon leur semblera, pourvu qu'elle soit née sujet

(1) Règlement de 1667, articles 40 et 57. Ordonnance du 7 février 1686. — Arrêts de 1702. — Lettres patentes de 1703 et 1712.

de sa Majesté et domiciliée dans le royaume. Et il envoie
ce projet à la Chambre de commerce en lui faisant remarquer
que cette loi favorisera l'industrie en y apportant des capitaux,
et permettra aux bons ouvriers, qui auraient des talents mais
pas de fortune, de fonder des maisons et d'arriver à être marchands fabricants.

Le côté libéral de la question séduit quelques-uns des directeurs qui se déclarent partisans du projet. Mais les membres appartenant à la fabrique, et la communauté des
marchands fabricants, protestent très vivement contre ce
projet et l'empêchent d'aboutir. « Les capitaux ne manquent
« pas ; les marchands sont assez nombreux ; les ouvriers intel-
« ligents sont recherchés comme associés par les fabricants
« qui ont de la fortune ; dès lors le projet n'aurait aucun
« avantage ; et par contre il aurait le péril de compromettre
« la manufacture, parce qu'il transformerait d'excellents ou-
« vriers en très mauvais fabricants, diminuerait le nombre des
« ouvriers et accroîtrait leur indocilité, ferait connaître les
« secrets de la fabrication à des personnes qui en abuseraient
« si leur intérêt le leur conseillait, amènerait partout le trouble
« et le désordre, là où les règlements actuels maintiennent le
« progrès. » Telles sont les objections, (1) et l'un des directeurs de la Chambre, M. Genève, est délégué à Paris pour les
appuyer.

Une des préoccupations, que traduisent les rapports, nous
paraît devoir être signalée : c'est celle relative aux commissionnaires. Le commissionnaire est, en effet, un rouage nou-

______

(1) L'Intendant dépose le 16 novembre 1754 le projet de la liberté des
sociétés en commandite, appelant l'examen de la question.

Les registres de la Chambre de commerce renferment neuf mémoires
où les opinions les plus opposées sont soutenues. La question a passionné
les intéressés. Du reste, plus d'une fois, elle s'était présentée. En 1723, il
y a déjà des mémoires traitant de la possibilité d'avoir des commanditaires
étrangers à la corporation.

veau : il apparaît au XVIII° siècle, vers 1718. Les affaires
étant languissantes, les acheteurs étrangers avaient pris
l'habitude d'ajourner leurs voyages : le commissionnaire
s'offrit et fut accepté pour choisir sur la place de Lyon la marchandise, en arrêter le prix et l'expédier. Il eut d'abord des
ordres libres ; mais bientôt il dut recevoir l'inspiration du dehors, les correspondants étrangers exigeant des échantillons
des différents produits afin de faire eux-mêmes leur choix.
Les fabricants se soumirent, vinrent solliciter des ordres en
apportant des échantillons et faisant connaître leurs procédés
de fabrication : le commissionnaire, dès lors, acquit une
grande influence. Nous n'avons pas à discuter ici cette institution qui a souvent été attaquée en même temps que les services rendus par elle étaient signalés. Nous en parlons
incidemment à cause du rôle qu'ils eurent indirectement dans
la question de la liberté des maîtrises et des sociétés en commandite, et directement dans la question d'interdiction de la
sortie des échantillons soulevée en janvier 1761 (1).

Voici à propos de cette dernière mesure, longuement et
chaudement discutée, en quels termes la Chambre de commerce formule son opinion : « L'envoi des échantillons est
« un usage très pernicieux pour le commerce de Lyon, en
« ce qu'il instruit les fabriques étrangères, contribue à leurs
« progrès et leur fournit les moyens de soutenir la concurrence
« avec les nôtres. Longtemps avant qu'il se fut introduit,
« les étrangers copiaient nos étoffes, faisaient faire des des-
« sins à Lyon et attiraient quelques-uns de nos dessinateurs,

---

(1) Déjà en 1749 le député du commerce écrivait à la Chambre que
pour suppléer à la supériorité que nous avons par le goût, le dessin,
l'emploi des nuances, nos concurrents s'empressent d'acheter chez les plus
fameux détaillants de Paris une pièce de chaque assortiment afin de copier
le dessin et entretiennent des émissaires qui, à prix d'argent, obtiennent
des couturières les échantillons des robes préparées pour la cour.

« mais ces différents partis avaient des inconvénients : le
« dessin que l'on copiait sur une étoffe faite et vendue, pa-
« raissait déjà ancien, était effacé en naissant par les produc-
« tions toujours nouvelles de nos fabriques ; on ne pouvait
« attirer que des dessinateurs médiocres.

« Mais depuis que nos fabriquants par un aveuglement
« singulier se sont livrés à rendre publics les échantillons de
« toutes leurs nouveautés, les obstacles qui arrêtaient le
« progrès des fabriques étrangères ont été levés ; elles ont
« aujourd'hui la pleine liberté de produire les mêmes étoffes
« que nous et dans le même temps.

« Jamais le talent du dessin et celui de la nuance n'ont été
« portés à Lyon au point où ils sont aujourd'hui, et nous ne
« devons pas craindre que l'étranger s'éloigne de nous. Lors-
« qu'il ne trouvera plus ailleurs les mêmes étoffes que les
« nôtres et dans le même temps, il reviendra à Lyon comme
« il faisait ci-devant, ou choisira des commissionnaires aux-
« quels il donnera des ordres ; notre commerce reprendra alors
« son ancienne splendeur et les manufactures qui s'efforcent
« d'aller de pair avec la nôtre resteront en arrière.

« Empêcher une manufacture utile au royaume de commu-
« niquer son industrie à des étrangers, la délivrer d'un usage
« devenu forcé et onéreux, la mettre à même de travailler
« librement, sans être assujettie à ne le faire que par com-
« mission, ce n'est point lui imposer une gêne ni lui donner
« des entraves, c'est, au contraire, l'en affranchir. »

La Chambre de commerce présente, en terminant, un projet
de règlement excessivement sévère qui défend l'envoi des
échantillons d'étoffe sous peine d'amendes énormes pour les
marchands et commissionnaires, et sous peine de prison,
même de punitions afflictives pour les ouvriers. Le projet fut
adopté (1) et le Conseil consentit même, le 6 mai 1766, à

(1) Arrêt du 14 mai 1765.

autoriser les syndics jurés et maîtres gardes d'établir un commis au bureau de la régie de Paris, qui aura pour rôle de faire des perquisitions chez les dessinateurs ou chez les commis fabricants, ou chez toute autre personne soupçonnée de recevoir des échantillons.

Pour excuser la Chambre de commerce, si toutefois des mesures aussi excessives peuvent trouver une excuse, nous observerons que les métiers de soieries étaient, à cette époque, alimentés par le façonné, c'est-à-dire par les étoffes avec dessins : sur 9,027 métiers en 1861, on évaluait à 5,638 le nombre de ceux qui fabriquaient les tissus de ce genre. La concurrence des manufactures étrangères pesait lourdement sur l'exportation de nos tissus unis, qui était descendue de dix millions à un million pour l'Angleterre, de huit millions à un million pour la Hollande ; chaque pays cherchait à se suffire et à éviter l'impôt qu'il payait à la France par l'achat de ses soieries. C'est par le goût, par le renouvellement constant des dessins que Lyon maintenait sa supériorité et une certaine activité dans sa fabrication ; il fallait à tout prix se défendre contre les manufactures étrangères.

Leur concurrence avait commencé à être menaçante à la fin du XVIIe siècle. En 1701, la Chambre ayant à protester contre la création des Inspecteurs des manufactures, observe que notre industrie a été transportée chez les étrangers, par les religionnaires, après la révocation de l'édit de Nantes en 1685 ; que les guerres incessantes ont diminué le nombre des métiers de 20,000 à 5,000 ; que les étoffes unies surtout ont été frappées (1) et que, pour se défendre, la fabrique doit compter

(1) La manufacture des soieries était si importante, dit le mémoire du 9 août 1704, que d'une seule sorte d'étoffes appelées *lustrés*, qui sont des taffetas noirs, l'Angleterre tirait seule pour trois millions. A propos de la création des inspecteurs, la Chambre insiste sur ce qu'elle aurait de fâcheux pour le secret des dessins, secret si important puisque les étoffes sont fabriquées huit mois avant d'être mises en vente.

sur l'industrie et l'invention des ouvriers, sur la passion des Parisiennes pour le renouvellement des modes, et sur l'éloignement qui devra affaiblir chez les émigrés le goût si nécessaire à la fabrication des étoffes façonnées.

En 1716, il est question d'une augmentation des droits sur les soieries étrangères : la Chambre de commerce déclare que les brocards, les damas, les satins avec or et argent se font mieux à Lyon que partout ailleurs, mais que les autres tissus façonnés pour habits et meubles se font aussi bien à Turin, à Gênes, à Amsterdam ; que les taffetas unis et les étoffes mélangées, satins, brocatelles, papelines, grisettes, se font à meilleur marché à Avignon et à Turin ; que les velours de Gênes, de Turin, d'Amsterdam l'emportent sur ceux de Lyon ; que les crêpes de Bologne sont supérieurs aux tissus similaires lyonnais. Elle signale surtout les différences de prix qui existent entre nos étoffes et les étoffes fabriquées à Turin, où d'immenses ateliers viennent d'être créés, pouvant contenir 1,500 métiers, réunissant boucherie, boulangerie, etc., de manière à tout fournir aux ouvriers à meilleur compte et à réaliser la main-d'œuvre la moins coûteuse.

En 1750 les maîtres gardes (1) remettent à la Chambre de commerce un long mémoire sur l'état de la fabrique des soie-

(1) La communauté des fabricants, dans de nombreuses réunions, se prononce constamment contre le débit et le port des étoffes étrangères, des indiennes, des toiles peintes. Elle est évidemment l'inspiratrice de la Chambre de commerce. Son bureau était rue Saint-Dominique, 1. Une plaque portant ces mots : « Maison et bureau des fabriquants d'étoffes de soye, or et argent, 1727 », existe encore sur la façade. Le terrain avait été acheté aux frères prêcheurs le 27 octobre 1725 : ils avaient leur couvent sur l'emplacement de la place actuelle des Jacobins. La communauté des fabricants fut obligée de vendre son immeuble en 1779 pour payer ses dettes. En 1760 le montant des dettes était de 405,000 livres.

La bibliothèque de la Chambre de commerce possède le recueil des délibérations des maîtres fabricants ; les séances sont, comme celles de la Chambre de commerce, très animées pendant la période de 1750 à 1760.

ries, et passent en revue les pays où cette industrie s'est
développée.

« Les anglais, cette nation si jalouse de la primauté dans
« tous les genres de commerce, avaient imposé cy-devant des
« droits sur l'entrée des marchandises de France qui allaient
« à 70 % de leur valeur ; mais s'étant aperçus de l'inutilité de
« cette précaution à l'égard des dames qui ne sont pas moins
« portées que les françaises à préférer tout ce qui vient de loin,
« ils ont pris le parti en dernier lieu de défendre totalement
« les étoffes riches de France. La fabrique de Lyon s'est trou-
« vée privée par là d'une partie de consommation qui formait
« un objet considérable. Personne n'ignore que depuis long-
« temps les anglais, pour encourager l'exportation de leurs
« étoffes, ont cru devoir donner un appât à ceux qui en font
« sortir d'Angleterre, en leur accordant une espèce de gratifi-
« cation de quatre shillings par livre de seize onzes, qui équi-
« vaut aux droits d'entrée que paye la matière première. Il
« n'y a pas d'exemple que cette nation ait jamais fait de traité
« avec aucune puissance sans que l'intérêt de son commerce
« n'en ait été la base. Ceux qu'elle a avec le Portugal lui faci-
« litent aujourd'hui les moyens de tirer par cette voie les
« soies d'Espagne en contrebande, et ceux qu'elle a avec la
« Russie lui procurent quantité de soies de Perse par la voie
« de Pétersbourg, sans compter ce qu'elle en tire du Levant,
« de sorte que les soies sont moins rares actuellement à
« Londres qu'à Lyon.

« La Hollande tirait autrefois beaucoup de marchandises
« de Lyon, tant en étoffes riches qu'en étoffes pleines : cette
« consommation est réduite presque à rien. Les fabriquants,
« les teinturiers, les ouvriers, tout s'y est perfectionné. Et
« depuis quelques mois les nouvelles publiques nous ont
« informé d'une circonstance remarquable ; le prince stathou-
« der a publiquement invité les sujets de l'État à ne porter que

« des étoffes du pays sous la promesse expresse d'en donner
» lui-même l'exemple.

« En Saxe, par un règlement fait depuis trois mois et
« affiché à la dernière foire de Leipzik, les états ont été réglés,
« et tous les habitants divisés en plusieurs classes dont les
« premières ont seules le droit de porter de la dorure, et les
« dernières n'ont pas seulement celui de porter de la soie. Ce
« pays tirait beaucoup d'étoffes riches et encore plus de
« taffetas de Lyon; et l'ordonnance en question fait un tort
« infini, non seulement à la manufacture des étoffes riches et
« unies, mais encore à celle des galons et des rubans.

« Tout le monde connaît la pragmatique publiée en Portu-
« gal le 28 mars 1749, et le préjudice qu'elle cause à la
« fabrique de Lyon. Elle est entièrement relative à l'avan-
« tage des manufactures de Lisbonne.

« Tous les règlements dont on vient de parler ont chacun
« respectivement le même objet; tous tendent visiblement à
« mettre bientôt les pays où ils sont établis en état de se passer
« des fabriques de France. Quelque nuisibles qu'ils soient à
« la fabrique de Lyon, celles d'Italie, de Prusse et d'Espagne
« lui portent de plus rudes coups et de plus sûres atteintes.

« Les fabriques d'Italie, principalement celles de Gênes,
« peuvent établir leurs marchandises à un prix beaucoup plus
« bas que celles de Lyon, ayant les soies, les teintures et les
« façons infiniment meilleur marché ! C'est un fait confirmé
« par l'expérience, de sorte qu'elles sont assurées et jouissent
« en plein de la préférence dans les genres d'étoffes unies qui
« s'y font principalement, les velours et les damas.

« Celle de Prusse met tout en œuvre pour attirer les ouvriers
« de Lyon. La liberté de religion, et surtout l'établissement
« d'une église catholique à Berlin, a levé le scrupule que
« quelques-uns se faisaient d'aller habiter parmi des protes-
« tants. Mais en même temps que le roi de Prusse, par toutes

« sortes de moyens, ouvre la porte de ses états à nos ouvriers,
« il la ferme à nos étoffes ainsi qu'à nos galons en leur im-
« posant de gros droits. Celui qu'il a établi sur les velours
« étrangers pour favoriser les siens est d'environ sept livres
« par aune de France, c'est-à-dire environ 3o %. Sans cette
« sage et unique précaution, ce prince verrait encore ses sujets,
« comme nous voyons les français, habillés de velours de
« Gênes jusque dans le centre de ses manufactures, et ses
« veloutiers comme ceux de Lyon, obligés d'aller chercher
« de l'ouvrage ailleurs.

« La manufacture d'Espagne, dont il était à peine question
« il y a peu d'années, s'est accrue tout d'un coup et depuis
« la défense de la sortie des soies, en 1739, au point d'être au-
« jourd'hui une des plus nombreuses, puisqu'on assure qu'elle
« est augmentée depuis cette époque de plus de huit mille
« métiers tant à Valence qu'à Murcie, Grenade, Séville, etc.
« La plus grande partie de cette augmentation s'est faite aux
« dépens de nos fabriques de France. La manufacture d'Es-
« pagne a sur les nôtres les mêmes avantages et plus encore
« que celle de Gênes par rapport aux prix : ses étoffes revien-
« nent à Lyon, frais et droits payés, à 25 % de moins que
« celles qu'on pourrait faire dans des qualités semblables.

« Le goût renouvelé sans cesse de nos étoffes riches et
« façonnées les soutient encore en quelques endroits, cepen-
« dant nous éprouvons aujourd'hui que cette ressource ne
« met pas ordre à l'inaction de la fabrique.

« Dans de telles circonstances il semble que nos fabriques
« devraient jouir tranquillement de la consommation inté-
« rieure du royaume. Mais tout au contraire les étoffes du
« dehors entrent et s'y portent partout préférablement aux
« originaires ; tous les hommes d'un état un peu au-dessus
« de celui du menu peuple sont habillés, pendant l'hiver, de
« velours étrangers : la quantité qui en passe à la douane de

« Lyon est immense sans compter ce qui entre par contre-
« bande en Provence et en Languedoc. A l'égard des femmes
« tout le monde connaît l'empressement qu'elles ont pour les
« étoffes de Hollande, celles du Levant, les perses, les satins
« et damas des Indes, les pékins, foulards et autres semblables.
« Les ameublements dans Paris sont communément en tapis-
« series des Flandres ou en damas et velours de Gênes, et
« dans les maisons de campagne, en toiles peintes et in-
« diennes. Tous ces objets réunis réduisent si fort la consom-
« mation que fait le royaume des étoffes de son cru, qu'il a été
« vérifié à Lyon, il y a quelques années, que sur environ
« quarante millions d'étoffes qui s'y faisaient par an, Paris et
« tout le royaume n'en consommaient que six ou sept mil-
« lions. »

La conclusion est toute indiquée.

Afin de protéger la fabrique de Lyon, la Chambre de commerce demande la défense de laisser sortir les soies teintes (1).
Les qualités des eaux de Lyon pour la teinture sont depuis
longtemps appréciées, et, suivant les termes de l'arrêt du
20 juin 1725, « la bonté et le brillant des soies teintes à Lyon
« est ce qui contribue le plus à la perfection des tissus : » il
faut réserver cette cause de supériorité à nos étoffes.

La Chambre de commerce demande encore la prohibition
à l'entrée des étoffes étrangères. L'ennemie, celle contre laquelle se prolonge pendant tout le XVIIIe siècle la pour-
suite la plus acharnée, c'est la toile de l'Inde. Les Anglais,
qui maintenaient deux compagnies des Indes, avaient dès le
début du XVIIIe siècle interdit dans le Royaume-Uni la
vente et l'usage des étoffes que ces compagnies importaient :
ces tissus se répandaient sur le continent par la Hollande et
par Genève. La Compagnie française des Indes-Orientales en

____

(1) 1725, 1742, 1750.

importait de son côté. Et la mode s'était emparée de ces étoffes
au détriment, disait la Chambre de commerce, et des soieries
et des toiles françaises. Le Gouvernement répète presque
chaque année (1) une défense qu'il est impuissant à faire
respecter. « Il faut, écrit la Chambre de commerce en 1706,
« que les officiers puissent avoir un titre pour arrêter dans les
« rues les personnes qui se trouveront habillées avec ces sortes
« d'étoffes, et pour les condamner à une amende considérable :
« c'est le seul remède à un si grand mal. » Elle demande, en
1710, qu'on interdise aux manufactures françaises de faire
des dessins imitant les dessins des indiennes, et que « le goût
bizarre des dames » recherche. En 1749 elle repousse la
proposition de laisser entrer les toiles de coton écrues que les
imprimeurs sur étoffes pourraient utiliser (2). En 1759 elle
accuse de contrebande une manufacture qui s'était établie à
Fontaines-sur-Saône pour faire de l'impression avec les
tissus du royaume, et veut qu'on la supprime (3).

---

(1) Soixante-douze arrêts, prohibant l'usage des toiles des Indes, ont été
rendus de 1700 à 1760. On lit, dans les archives de Lyon, B. B. 280,
en 1718, que des contrôleurs sont établis à Nantes et à Rouen par le Consulat pour visiter les navires qu'on soupçonnerait être chargés des soieries
indiennes prohibées. Voir dans les registres des délibérations de la
Chambre de commerce les années 1702, 1705, 1710, 1716, 1749, 1752,
1757.

(2) 23 août 1749. Ce mémoire débat très longuement la question des
toiles peintes, la concurrence qu'en éprouvent les étoffes mélangées,
l'impossibilité d'imprimer des toiles de coton pouvant lutter avec les toiles
de l'Inde ; et il donne de fort intéressants détails sur la fabrication des
toiles en France.

(3) Le 12 janvier 1759, M. Teissier avait organisé le château du Buisson
à Fontaines-sur-Saône pour teindre et peindre toutes sortes d'étoffes de
soie. Cette même année une autorisation avait été accordée à M. Weter
de fonder, près d'Orange, une fabrique pour teindre les toiles malgré une
vive opposition qui se plaisait à rappeler au Gouvernement que, tout au
contraire des idées du moment, ordre avait été donné en 1686 et 1689
de briser tous les métiers et moulins destinés à produire des étoffes, façon
des Indes.

En 1765 elle refuse d'écouter l'offre que fait Philippe Lasalle (1), célèbre marchand fabricant lyonnais, de vendre au roi le secret et la composition des couleurs dont il se sert pour peindre les étoffes. Enfin en 1785, elle proteste contre l'introduction des toiles peintes d'Alsace.

Malgré son peu de succès dans cette lutte acharnée contre la contrebande favorisée par les désirs de la mode, la Chambre de commerce cherche à obtenir la prohibition des crêpes de Bologne contre lesquels nos tissus similaires ne peuvent se défendre (2).

Elle se borne à demander qu'on double les droits de toutes les étoffes étrangères, lorsqu'elle cherche une compensation à l'augmentation qu'on a fait subir en 1716 aux droits d'entrée sur la matière première (3). Plus tard, elle émet l'avis de tripler

----

(1) Philippe de Lasalle, né en 1723, mort en 1804, est le plus grand peintre en étoffes qu'ait eu la fabrique de Lyon. La vitrine de notre musée industriel, qui lui est réservée, offre une splendide collection de tableaux tissés.

Lasalle était élève de Boucher. Il fut appelé comme dessinateur à Lyon, par la maison Dutilleul. Il donna un grand élan au façonné en renouvelant les dessins des étoffes pour meubles. Beaucoup de ses productions furent destinées à la Russie où se consommèrent nos plus riches tissus jusqu'à l'année 1793, époque à laquelle Catherine II en prohiba l'importation.

Lasalle ne se contenta pas d'être dessinateur, il fut mécanicien, et s'ingénia à améliorer le métier de la grande tire. Un rapport sur ses inventions fut présenté à l'Académie des sciences de Paris, le 29 juillet 1776, ils lui valurent une prime d'honneur. La grande amélioration qu'il apporta au métier de la tire, ce fut de rendre les *samples* indépendants des *rames*. Il avait imaginé des matrices pour faire les aiguilles à crochets nécessaires pour cela. Un mémoire très détaillé sur ses mécanismes est dans les archives de la Chambre de commerce à la date du 22 germinal an X.

(2) 1704, 1705.

(3) La balle de grège pesant net 160 livres paie, en 1717, à raison de 25 sols par livre, 200 livres auxquels il faut ajouter 15 livres pour la douane de Valence. Or, la soie valant 7 livres, la balle représente 1,120 livres ; le droit payé s'élève donc à près de 20 %. Quelques années auparavant la balle payait 104 livres.

Les droits d'entrée sur les soieries étrangères s'élevaient à 12 % de leur valeur en 1702.

le droit sur les velours de Gênes afin de porter le prix de ces étoffes, présentées sur notre marché, au niveau du prix de nos velours (1). Toutefois, dans cette dernière circonstance, la Chambre de commerce ajoute une réflexion qui montre sa politique : « Il n'y a pas de représailles (2), dit-elle, à craindre « de Gênes ; cette ville ne tire aucune marchandise de nos « fabriques. » N'est-ce pas la preuve qu'elle reconnaît que les fabriques étrangères, récemment créées, peuvent impunément demander des prohibitions douanières, mais que la fabrique de Lyon, deux fois séculaire, en pleine possession de ses moyens d'action, produit plus que la France consomme et a besoin d'exporter?

Aussi quelle modération lorsqu'il s'agit de pays avec lesquels Lyon entretient un commerce important! Comme la note est adoucie!

S'agit-il de l'Italie ? La Chambre de commerce demande que l'état de guerre ne modifie pas les relations commerciales (3) et que le passage de Suze demeure ouvert, dans la crainte que le commerce italien ne se porte vers Genève; elle insiste pour que l'on ne touche pas aux soies du Piémont lorsque, pour répondre, par des représailles, aux prohibitions dont le roi de Sardaigne frappe tantôt les soieries françaises (4), tantôt les

---

(1) 14 décembre 1748. Pendant la guerre avec Gênes, la fabrique de Lyon avait entrepris et réussi la fabrication des velours de Gênes. La paix étant venue et l'étoffe génoise valant 20 sols de moins que l'étoffe lyonnaise, il fallait protéger celle-ci en portant le droit de 8 sols à 24 sols par livre. Pour les autres soieries la Chambre veut qu'on élève le droit de 8 à 20 %.

(2) La même pensée est exprimée vis-à-vis les manufactures de Gênes et d'Avignon, lorsqu'en 1716 une augmentation des tarifs est mise à l'étude ; c'est alors que, devant la difficulté de faire un tarif détaillé, fut adoptée l'idée de doubler, d'une manière générale, tous les droits existant sur les soieries étrangères.

(3) 1704, 1706.

(4) 1702, 1716.

draperies (1), le gouvernement examine quelles marchandises italiennes il pourrait ou imposer ou prohiber. La fabrique lyonnaise ne peut pas se passer des organsins de Piémont, que ne suppléent ni les soies de France ni les soies d'Espagne (2).

S'agit-il de l'Angleterre ? Son mauvais vouloir est certain. Une véritable tempête s'élève contre le traité commercial négocié après la paix d'Utrecht, traité qui devait porter quelque adoucissement au régime prohibitif prononcé contre nos produits par l'arrêt du 6 septembre 1701 ; la communauté de commerce, arts et métiers de Londres, la corporation des tisseurs de Cantorbéry, la corporation des mouliniers de soie de Londres protestent contre tout abaissement sur les soieries françaises, dont l'admission serait le signal de la ruine de l'industrie anglaise (3); les négociants français continuent d'être traités avec la plus grande dureté. Néanmoins la Chambre de commerce ne cesse de répéter qu'il faut avoir vis-à-vis d'elle

(1) 1730, 1732, 1733. Lettre à M. Palerne du 5 décembre 1730 : « Nous avons reconnu que, si cet édit subsiste, le commerce de draperie « du Languedoc, du Dauphiné et de Lyon en souffrira considérablement « parce qu'il ne sera plus possible d'envoyer de nos draperies de France « dans la Savoye et le Piémont qui en faisaient une grande consommation ; « mais il est question pour remédier à ce mal de ne point tomber dans un « pire. L'expédient proposé de défendre l'entrée dans le royaume, pendant « une année, des organsins de Piémont serait une représaille qui paraî- « trait convenir sans la nécessité absolue où est notre fabrique d'employer « cette qualité de soie pour la plus grande partie des étoffes. » Elle dit dans une autre lettre, 12 juin 1733, qu'il vaut mieux sacrifier le commerce de draperie que de s'exposer à voir périr la fabrique des soieries.

(2) Le relevé des importations pour l'année 1748 pour les bureaux de Lyon, Grenoble et Valence donne pour les soies du Piémont : 96.085 livres de soie grège à 12 liv. la livre = 1,153,020 liv.; 100,604 livres d'organsin à 28 liv. = 2,816,912 liv. dans les importations directes du Piémont ; et, dans les importations de la Suisse, 424,367 livres soie écrue à 12 liv., soit 5,092,404 liv. qui, évidemment, viennent d'Italie.

(3) En 1713 on dit que la Grande-Bretagne consomme 2,200 balles de soie et produit pour 650,000 livres d'étoffes de soie pure. On recherchait ses satins qu'une contrebande active introduisait dans le royaume.

des tarifs modérés (1); elle considère le marché de Londres
comme le plus important débouché pour les soieries de Lyon.
Nous trouvons, à la date du 12 décembre 1771, son opinion
ainsi exprimée (2) : « Il est certain que les Anglais sont infa-
« tués de nos taffetas noirs et couleurs, de nos brocards et de
« nos denrées. Dès que la porte sera ouverte pour en tirer de
« France en payant des droits modiques, ils se jetteront sur les
« nôtres avec empressement, et leurs fabriques établies à notre
« imitation tomberont d'elles-mêmes.

« L'expérience ne nous a que trop fait voir que ce n'est pas
« une bonne maxime de vouloir se séparer de toutes les manu-
« factures des États voisins. On ne pouvait pas croire autre-
« fois que cela peut se faire à l'égard des manufactures de
« France par rapport à cette perfection et à cet esprit d'indus-
« trie et d'invention qui y est répandu et qui est particulier à
« cette nation ; mais on ne voit que trop que ces étrangers nous
« ont presqu'égalés en tout, et il ne nous reste d'avantage par
« dessus eux que ce que le climat, la nature et la Providence
« nous accordent de particulier et qui ne dépend presque point
« de l'industrie des hommes, comme, par exemple, la teinture
« en noir de Lyon, qui ne se peut imiter ailleurs et qui fait
« préférer de beaucoup nos taffetas noirs à ceux des fabriques
« d'Angleterre, quoique bien fabriqués et bien imités. Il nous
« paraît, en général, que la France ne risque rien d'accorder à
« un pays comme l'Angleterre toutes les douceurs et facilités
« possibles sur le commerce de leurs manufactures, car cer-
« tainement, quand nous en recevons pour cinq sols, les

(1) Mémoire de 1706 sur les taffetas noirs, Lettre à M. Palerne en 1738.
Mémoire du 13 octobre 1703, contre l'impôt projeté de cinq sols par
livre sur les manufactures étrangères et de un sol par livre sur les manufactures indigènes.

(2) Lettre de M. Perrichon à M. Anisson qui demande à être renseigné
en prévision du traité de commerce devant être conclu après la signature
de la paix à Utrecht.

« Anglais tireront des nôtres et de nos denrées pour plus de
« quarante. » Ce sont les mêmes manières de voir qui se
retrouvent chez M. de Vergennes lorsqu'il fait un traité avec
l'Angleterre en septembre 1783, et réussit à obtenir la promesse de « travailler à de nouveaux arrangements de com-
« merce sur le pied de la réciprocité et de la convenance
« mutuelle (art. 18) ».

Une autre puissance (1) à l'égard de laquelle la Chambre de
commerce observe de grands ménagements, c'est l'Espagne.
Le commerce avec les colonies espagnoles est le seul moyen
d'acquérir l'or et l'argent, et, suivant les maximes du temps,
celui-là possède la richesse la plus vraie qui accumule un
stock plus considérable de métaux précieux; dès lors, la compétition entre les nations européennes pour contribuer à
l'approvisionnement des colonies espagnoles est très grande.
Le gouvernement espagnol ne permet pas que ce commerce
soit fait directement; il exige que toutes les marchandises
soient apportées à Cadix et embarquées sur les galions et les

---

(1) Dès qu'il ne s'agit plus d'une grande puissance, la Chambre de commerce change de langage. Elle répond, en 1702, à propos de concessions
demandées par la Flandre espagnole, principalement dans l'intérêt d'An-
vers, qu'il n'y a des convenances à garder qu'avec les grandes nations
comme les Hollandais et les Anglais. En 1708, elle déclare qu'un traité
avec Venise n'a aucun intérêt pour Lyon. En 1713, pour un traité avec la
Suisse, elle est très peu gracieuse. Antérieurement, elle écrivait, en 1707,
à M. Dangeville, intendant du Dauphiné, qu'il n'y avait rien à craindre
de la Suisse pour les fabriques du Dauphiné et qu'on pouvait interdire la
sortie des laines et des draps écrus qui servaient de matières premières
aux manufactures suisses. (Voir le mémoire de 1716 sur cette affaire des
draps de Romans). Néanmoins, quand la guerre ne laisse à Lyon d'autre
débouché que la Suisse pour aller en Allemagne, elle dit qu'il faut ménager la Suisse et être tolérant vis-à-vis de ses produits afin qu'elle nous
demeure favorable. C'est ce que nous lisons en 1734 lorsque la Chambre
était consultée sur les taffetas suisses dont on redoutait la concurrence;
elle fait observer que les frais de transport à travers la France et les droits,
si on les augmente, suffiront pour protéger les produits similaires français et
qu'il n'y a pas lieu à prohibition (Lettre à M. Palerne du 11 septembre 1734.)

flottes qui sont spécialement affectés à ce service colonial (1).
Il prend comme bénéfice les droits de douane et un impôt de
5 %, nommé *indulte*, qui doit être prélevé, au retour des
navires à Cadix, sur les sommes réalisées par la vente des
marchandises. Plus d'une fois, pendant les guerres du dix-
huitième siècle, le roi d'Espagne, pour emplir son trésor, traite
les négociants étrangers comme gens taillables à merci : tantôt
il confisque toutes les espèces rapportées d'Amérique (2), quitte
à s'entendre plus tard avec qui de droit ; tantôt il augmente
arbitrairement le quantum de l'indulte et prélève 8, 10, même
20 % (3) ; à chaque instant il varie les droits de douane ; il
interdit, de 1739 à 1760 (mesure qui frappe directement la
fabrique de soierie lyonnaise), la sortie des soies d'Espagne.
Devant toutes ces vexations (4), la Chambre de commerce se
borne à protester vivement, et, n'oubliant pas que le marché
lyonnais reçoit, au retour des expéditions coloniales de Cadix,
de 4 à 5 millions en métaux précieux, elle insiste pour qu'on
évite de froisser le gouvernement espagnol par des représailles (5), et qu'on s'efforce d'obtenir par un traité des tarifs
réguliers et modérés.

(1) Les galions formaient une escadre de dix bâtiments de guerre, ils
rapportaient les métaux précieux du Pérou et du Mexique. Les flottes
étaient des convois de seize bâtiments de gros tonnage qu'escortaient
deux bâtiments de guerre. On évaluait à 13 millions d'écus annuellement
les marchandises apportées en Espagne, et à 11 millions 1/2 celles qui
étaient envoyées aux Indes. Le bénéfice était de 17 1/2 % sans parler de
celui que l'on faisait sur les marchandises rapportées, cochenille, indigo.
bois de teinture, etc.

(2) En 1718, sous Philippe V.

(3) L'indulte fut porté jusqu'à 24 3/4 % comme le rappelle le mémoire
écrit en 1728 et préparé en vue du Congrès qui allait être réuni. On y
insiste sur ce que l'art. 32 du traité d'Utrecht stipulait expressément pour
la navigation et le commerce les conditions qui existaient sous le règne de
Charles II.

(4) 1703, 1737, 1740, 1743, 1748. Lettre à M. Palerne en 1728. Voir
encore le rapport de 1750 des maîtres gardes de la fabrique.

(5) 22 août 1750. La Chambre de commerce, consultée sur des droits à

La Chambre de commerce a donc constamment le double souci de conserver à nos manufactures de soieries le marché de l'intérieur et l'exportation. C'est poursuivre ce but qu'obtenir toutes les mesures qui peuvent améliorer le prix des tissus et les armer contre la concurrence (1). De là l'importance qu'elle attache à la suppression des douanes intérieures ; à la réduction des droits royaux qui pèsent sur les denrées nécessaires à la vie des ouvriers et chargent la main-d'œuvre ; au développement de la sériculture ; à la libre entrée des matières premières (2).

La pensée de la Chambre de commerce sur les matières

---

mettre sur les étoffes étrangères, constate une différence de 20 % entre les prix des soieries espagnoles et les nôtres. Et pourtant elle dit : « Quelque préjudice que porte à nos manufactures la multiplication subite « de celles d'Espagne, il est infiniment dangereux de charger leurs étoffes « de droits nouveaux parce que Lyon et bien d'autres villes du Royaume « font un gros commerce avec cet État dans plusieurs genres de marchan-« dises, principalement avec Cadix, ce débouché d'une grande ressource « pour les étoffes riches et façonnées. Si l'on augmente les droits d'entrée « en France, il est fort à craindre que le ministère espagnol, si attentif à « ses manufactures, n'use aussitôt de représailles. Dans ce cas, la balance « n'est pas égale et le commerce de France y perdrait infiniment puisque « les marchandises que nous envoyons aux Espagnols excèdent sans « aucune comparaison celles que nous tirons d'eux. »

(1) Voir les mémoires de 1704, 1716, 1730, 1750, 1787 où les réclamations dans l'intérêt de nos manufactures sont exposées.

(2) 14 décembre 1703. Demande qu'on exempte de tous droits royaux et locaux les laines que peut employer la manufacture de bayettes établie sur l'ordre de M. Chamillart à Lyon.

14 août 1706. Protestation contre le droit de 4 sols par livre sur les safranums employés par la teinture et déjà chargés d'un droit de 40 livres par quintal. Ces safranums viennent du Levant, de la Pouille, la Haute-Autriche et de l'Allemagne.

16 mai 1708. Lutte contre le commerce de Paris pour avoir une diminution sur les aluns, employés en teinture, qui viennent de Rome et de Smyrne : les Parisiens voulaient dégrever les aluns d'Angleterre et de Liège qu'ils employaient.

14 avril 1750. Appui donné aux chapeliers qui demandent la libre entrée des peaux de lièvres et des peaux de lapins et des droits de sortie élevés sur les peaux similaires françaises.

premières est résumée dans la lettre qu'elle écrit à M. Anisson (1), pour appuyer la demande de l'entrée des fils de Hollande nécessaires à la fabrique des dentelles du Puy. Elle dit
qu'elle comprend « les raisons d'État et les raisons politiques
« qui s'opposent à l'entrée dans le royaume des marchandises
« et denrées de nos ennemis, mais qu'après avoir balancé
« les inconvénients avec la nécessité qu'il y a d'entretenir
« une manufacture aussi importante, elle estime que le
« véritable bien de l'État est de permettre l'entrée des matières
« étrangères qui sont indispensables à nos fabriques, sans
« nous attacher à la rigueur des défenses de nos ennemis
« pour l'entrée chez eux de nos manufactures, parce que, si
« celles-ci étaient une fois détruites, il est à craindre que des
« siècles entiers ne puissent pas les rétablir. »

La Chambre de commerce vit appliquer ses principes en
1720 lorsque, sous le ministère de Law, furent supprimés les
droits que la ville de Lyon percevait sur les soies étrangères (2);
puis, sous le ministère de M. de Machault, lorsque furent
supprimés en 1743 les droits de sortie sur les marchandises
fabriquées dans le royaume, et en 1749 les droits d'entrée sur
les matières premières nécessaires à l'industrie.

Malheureusement les améliorations plus ou moins hâtives,
plus ou moins profondes, ne suffisent pas pour prévenir les

(1) Lettre du 15 septembre 1703. On fabriquait au Puy pour 2 millions
de dentelles, presque toutes destinées au commerce de l'Espagne et des
Indes. Les fils de Silésie, blanchis en Hollande, leur étaient indispensables.
(2) Édit du 18 mai 1720 déjà cité. Il ne laisse qu'un droit d'entrée de
20 sols par quintal, et supprime le tiers sur taux, le quarantième, les
7 sols 6ᵈ par livre, la douane de Lyon, la douane de Valence, la table de
mer. Pour que cette suppression fût possible, l'État dut prendre à sa charge
la dette de 8,319,085 livres, contractée par la ville de Lyon pour le service du Roi et résumant divers emprunts, dette garantie par les droits qui
étaient supprimés et dont le revenu avait été, en partie, aliéné en faveur
de Lyon.

crises. L'industrie de la soie, plus impressionnable que toute autre, y sera toujours périodiquement soumise ; et, d'après l'organisation adoptée à Lyon, le chômage pèsera sur l'ouvrier dont le salaire est essentiellement variable et nullement basé sur les besoins d'existence. Au XVIII⁰ siècle, les années de détresse apparaissent fréquemment. Quand la crise est aiguë, et celle de 1750 doit être spécialement mentionnée, le Consulat et la communauté des fabricants y pourvoient (1). La Chambre de commerce, très limitée dans ses ressources, paraît dans une seule souscription, celle de 1787 (2).

Faut-il accuser de ces calamités le régime qui a prévalu au XVIII⁰ siècle ? En avons-nous été préservés au XIX⁰ siècle, malgré le régime de la liberté économique, malgré la suppression des corporations, malgré le merveilleux développement des communications ?

Nous n'avons pas à décrire les crises du XVIII⁰ siècle, car nous ne faisons pas l'histoire de la fabrique ; mais l'énumération de leurs causes, indiquées çà et là dans les délibérations de la Chambre de commerce, montre qu'il faut les attribuer à des phénomènes économiques dont le retour est inévitable.

Les crises dont la fabrique de soieries a souffert pendant le XVIII⁰ siècle se rattachent :

1° A des crises générales, comme celles qui marquent le commencement du siècle (fin du règne de Louis XIV) et la fin du siècle (la Révolution);

---

(1) 1702, 1750, 1756, 1787. Voir les archives de la ville et les registres des délibérations du bureau de la communauté. Il est dit dans la réunion des membres de la communauté du 21 août 1750 que la triste situation des ouvriers, constatée par MM. le Prévôt des marchands et échevins qui ont trouvé 12,000 personnes sans travail, demande un prompt secours ; et on vote un emprunt de 100 à 150,000 livres. Les maîtres gardes sont chargés de distribuer chaque mois environ 15,000 livres aux nécessiteux. Le 19 novembre 1756 nouvel emprunt de 50,000 livres.

(2) Elle figure dans cette souscription publique pour 3,000 livres.

2° **A des crises financières** résultant soit des guerres, soit des déficits du trésor, et accompagnées de variations dans l'évaluation des monnaies, de création du papier-monnaie si vite déprécié, de la raréfaction de l'argent, du resserrement du crédit (1) ;

3° **A des causes spéciales** : antagonisme des patrons et des ouvriers ; insuffisance des salaires (2) ; cherté des soies résultant des mauvaises récoltes ou des difficultés d'approvisionnement ; surproduction après des années d'une prospérité qui

(1) Juillet 1730. Les variations qui ont eu lieu sur les espèces depuis 1724, année pendant laquelle il y eut comme une suspension générale, ont rendu désavantageuses toutes les spéculations en banque, en marchandises, en piastres, en métaux précieux. On a perdu sur les expéditions dans l'Inde. L'indulte rigoureux, violent et injuste, pris sur les flottes et les galions, a été désastreux. L'incertitude sur l'avenir politique pèse sur les transactions. Telles sont les causes indiquées par la Chambre de commerce, de la crise d'alors, qui frappe aussi la fabrique des soieries, un moment favorisée par les fêtes du sacre du Roi, de son mariage, de la naissance du dauphin, de l'alliance avec l'Espagne et le Portugal.

Il est étrange de voir quelle était l'ignorance économique de certains contrôleurs généraux : Dodun adresse aux intendants le 4 avril 1724, après que l'arrêt du 27 mars 1724 eut ordonné la diminution de la valeur des espèces, la circulaire suivante : « Vous prendrez des mesures avec tous « les chefs des manufactures et les principaux fabricants pour les obliger « de baisser le prix de leurs ouvrages, les matières premières qu'ils tire- « ront des pays étrangers leur coûtant moins..... Il faut encore obliger « les ouvriers, qu'ils emploient, à diminuer aussi le prix de leur journée, « et réprimer par des punitions sévères les cabales qui pourraient être « faites parmi les ouvriers, pour ne point réaliser cette diminution....... « La diminution sur les espèces faisant une différence d'un tiers de la « valeur à laquelle elles étaient au mois de juillet 1723, il est juste que « le public se ressente du bénéfice de cette diminution. »

(2) La Chambre de commerce se prononce contre les tarifs : « Il est libre à chacun, répond-elle à des teinturiers demandant un tarif, de travailler suivant le prix qui lui convient ; il est toujours dangereux de faire un règlement dont l'exécution est illusoire. » Avril 1735.

Elle n'intervient pas auprès des fabricants lorsque le Gouvernement, après avoir déclaré, le 3 septembre 1786, que les salaires devaient être réglés de gré à gré entre maître fabricant et ouvrier, revient sur sa décision et cherche à créer une pression sur les marchands fabricants afin d'obtenir leur consentement au tarif demandé par les ouvriers.

donne un élan dépassant la consommation ; encombrement
résultant de la brusque fermeture d'un marché important que
nous interdit la guerre ou quelque loi prohibitive (1) ; arrêt
par suite de deuils (2) ; concurrence étrangère, favorisée par
des conditions économiques différentes et moins chargée d'impôts (3) ; modification dans l'organisation, telle que l'émigration des métiers à la campagne (4) ; caprices de la mode, inévi-

(1) En 1784 une crise commence par suite des droits énormes dont
l'Empereur et le Roi de Prusse frappent nos soieries à l'entrée dans leurs
États. Nous avons vu antérieurement le mal souffert par suite de la fermeture des marchés anglais.

(2) Dans tous les mémoires relatifs à la fabrique des soieries il est fait
mention du tort que lui causent les deuils : le deuil était porté non seulement par la cour, mais aussi par les particuliers. On les réduisit de
moitié en 1716, fixant à six mois les plus longs deuils pour prince et prin-
cesse du sang, pour parents, pour veuf. Le deuil d'une veuve était d'un
an. En 1738 une nouvelle réduction de moitié dans la durée fut prononcée. Voir les mémoires de 1730, 1737, 1746, et la lettre de M. Palerne
de mai 1729.

(3) La concurrence des Anglais, dont les soieries entrent en contrebande, est signalée en 1784. Nous avons vu auparavant citer tour à tour
les Italiens et les Espagnols.

Nous pouvons noter encore les Allemands et les Suisses, car c'est
l'époque où les étoffes façonnées étaient délaissées, et où la vogue des
étoffes unies, admises par la cour, gagnait toutes les classes de la société.
Les fabricants, en 1783, demandant la suppression du droit de péage
perçu en Alsace sur les soieries qui transitaient par l'étranger, signalaient
à la Chambre l'accroissement de la consommation des soieries unies et
bon marché en Europe, au détriment de la production lyonnaise, dont
trente ans auparavant « le goût asservissait l'univers ».

(4) L'émigration vers la campagne paraît avoir commencé après les
émeutes de 1744 et les tristes années 1750-1756. On y était opposé dans
Lyon, et les maîtres gardes refusaient de marquer les étoffes faites à la
campagne : de là l'arrêt du 13 février 1765 qui « permet à tous les
« habitants de la campagne et à ceux des lieux où il n'y a pas de commu-
« nauté, de fabriquer des étoffes suivant les dispositions des règlements,
« Sa Majesté considérant combien il est essentiel de faire cesser tous les
« obstacles qui peuvent nuire aux progrès de l'industrie de ses sujets et
« de celle des habitants des campagnes en particulier ». La Chambre de
commerce avait été saisie, en 1754, d'un projet d'édit déclarant libre le
travail des étoffes unies dans les villes et villages des généralités de Lyon

tablement subordonnée aux mœurs et aux costumes (1), faisant adopter aujourd'hui l'étoffe façonnée, demain l'étoffe unie, un autre jour l'étoffe brodée (2), passant du tissu riche au tissu bon marché (3), de la soierie à l'indienne ou à l'étoffe anglaise (4).

A cette époque, comme à la nôtre, la fabrique se relève avec une merveilleuse facilité; ainsi, pour n'en citer qu'un exemple, la misère est extrême en 1750 et la prospérité très grande en 1752. Ce ressort, elle le trouve dans la science de ses fabricants, le goût de ses dessinateurs, l'habileté de ses ouvriers. Aucune autre fabrique ne connaît, comme elle, l'emploi des matières; ne sait, comme elle, inventer et perfectionner un dessin; ne travaille, comme elle, à transformer et à améliorer le métier. C'est un foyer de recherches qui rayonne partout, et on demeure émerveillé quand on voit toutes les inventions que le Consulat (5) et le bureau de la

et de Tours. Elle l'avait repoussé. On soutenait que le marchand fabricant ne pouvait avoir les doubles frais d'une installation à la campagne et à la ville; que le paysan lyonnais ne serait jamais à la fois cultivateur et tisseur, et qu'à ce point de vue on ne pouvait établir de comparaison entre lui et le paysan hollandais; que ce serait faciliter l'entrée des étoffes étrangères et l'exportation des soies teintes; que la hausse de la main-d'œuvre dans la ville, par suite de la concentration des ouvriers, n'était pas la cause des souffrances de la fabrique; que les difficultés du moment provenaient de ce que le taffetas noir, porté par toutes les femmes il y a trente ans, n'était plus accepté par la mode en Allemagne, en Angleterre et en Hollande.

(1) Dès le commencement du siècle on signale l'ampleur des robes pour lesquelles il faut vingt-deux aunes au lieu de douze, comme cause de la cherté des soies. 1703.

(2) La vogue des broderies date de l'année 1780.

(3) Le 15 juin 1737 un certificat très louangeux est accordé à M. Biétrix, qui a présenté des échantillons d'étoffe mélangée soie et coton, de bonne qualité, où il entre un vingt-cinquième de soie en chaîne. Le Consulat, archives de Lyon BB 302, accorde 6,000 livres à M. Biétrix pour l'établissement de la fabrique de cette étoffe nouvelle, nommée Levantine.

(4) L'anglomanie est citée comme une cause de la grande crise de 1787.

(5) Archives de Lyon, passim. BB 281, 295, 296, etc. C'est le Con-

communauté récompensent. Parmi la pléiade des mécaniciens ingénieurs qui préludent à l'œuvre humanitaire que Jacquard complètera, les registres de la Chambre de commerce ne citent que Vaucanson, Rivey et Dardois (1). Est-ce à dire qu'elle se désintéresse de ce mouvement d'études progressives ? Elle montre, par l'attention avec laquelle elle examine tout nouveau procédé de pliage (2), de teinture (3), de moulinage (4), qu'elle apprécie l'importance des moindres détails. Et certes, aucune accusation d'indifférence ne peut être portée contre elle par l'industrie des soieries, constant objet de sa sollicitude. La Chambre de commerce n'a jamais cessé d'être l'intelligente protectrice de la grande fabrique lyonnaise.

Lorsqu'elle est dissoute, il y a dans la ville de Lyon près

sulat qui traite en 1717 avec Garon pour un métier à la grande tire mis à la portée d'une jeune fille ; en 1718 avec Roch Quinson pour l'établissement d'une manufacture de velours ciselés et à ramages ; en 1730 avec Garon pour un métier fabriquant le velours broché ; en 1731 avec Raymond pour un métier façonné sans tireuse de corde ; en 1735 avec Nicolas Moulin pour un pliage ; en 1741 avec Falcon pour son métier façonné. Il fallait recourir au Consulat pour avoir l'autorisation de fabriquer des étoffes autres que celles comprises dans les règlements : ainsi en 1775 parut l'ordonnance consulaire autorisant la fabrication des *batavias*, donnant l'armure, les lisières, le nombre de portées, etc. C'est cette même année que fut adressée au Consulat une pétition pour avoir la liberté de produire les étoffes en largeur de 5 1/2 et de 7 1/2 que demandait l'étranger, rappelant qu'une première fois le Prévôt des marchands avait accordé une autorisation semblable, puis l'avait retirée à la suite des plaintes de la fabrique de Tours.

(1) En 1775 elle est saisie du métier simplifié de Fleury Dardois. En 1778 la Chambre alloue 500 liv. à François Deschaux, habile à chiner les étoffes de soie. En 1782 la Chambre de commerce accorda une récompense de 1,200 liv. à Rivey pour avoir créé un métier pouvant fonctionner sans les tireuses de cordes. En 1787 elle délègue de nouveau M. Imbert Colomès pour examiner la machine de Dardois qui prétend supprimer les tireuses de cordes.

(2) 1737.

(3) 1762. Les essais de teinture sont faits dans l'hôtel de l'académie du Roi, rue des Remparts-d'Aynai.

(4) 1784, 1751.

de quinze mille métiers qui occupent, malgré l'émigration déterminée par la crise de l'année 1786 et par les disettes des années 1788 et 1789, environ trente-neuf mille personnes.

Voici les résultats de l'enquête faite par le Consulat en 1788 :

Grande tire ou brochés riches, et petite tire	1,042	métiers.
Velours unis et façonnés.	463	—
Taffetas unis	5,583	—
Taffetas façonnés.	240	—
Gazes.	2,007	—
Métiers inoccupés.	5,442	—

Personnel.

Chefs d'atelier.	5,884
Femmes des chefs d'atelier.	3,924
Enfants	13,138
Compagnons	1,796
Filles compagnonnes.	1,015
Apprentis.	505
Domestiques à gages	2,236
Ouvriers divers (dévideuses, lisseuses, etc.). . . .	10,000
Teinturiers	800

Le nombre des métiers faisant des gazes montre quelle vogue avait l'article à la fin du siècle, vogue signalée par Goudart dans son rapport qui fut lu à la Constituante le 31 janvier 1791.

Dans les statistiques antérieures, nous trouvons mentionnés :

En 1739 : 3,329 maîtres, 8,381 métiers occupant 48,500 personnes.
— 1752 : 3,638 — 9,404 — 60,000 —
— 1761 : 3,650 — 9,027 métiers.

Quant à l'évaluation de la production, il est dit, dans le rapport qui, en 1765, sollicite la prohibition des envois d'échantillons, que dans les bonnes années la fabrique fait plus de quarante millions d'étoffes dont les deux tiers sont vendus aux étrangers.

Déglise, dans les recherches qu'il a publiées en 1800, l'évalue :

> Pour 1788 à 50,500,000 fr.
> — 1789 à 70,200,000 —
> — 1790 à 65,600,000 —
> — 1793 à 60,000,000 —

Cet état prospère de la fabrique des soieries doit en grande partie être attribué au traité d'Éden. Les tentatives faites après la paix d'Utrecht, 1713, après le traité d'Aix-la-Chapelle, 1748, et la paix de Paris, en 1763, pour amener la conclusion de traités de commerce et mettre fin à l'odieux système des prohibitions pourtant admis, n'avaient pu aboutir ; et pendant tout le XVIIIe siècle, la contrebande seule avait alimenté les transactions entre l'Angleterre et la France. Lorsque M. de Vergenne, favorisé par les progrès qu'avaient faits en Europe les idées libérales, eut réussi en 1786 dans ses négociations avec Pitt, un grand élan s'était produit des deux côtés du détroit : Lyon bénéficia dans une large mesure de l'ouverture au commerce français du marché anglais, suivie bientôt de l'ouverture des marchés russes et hollandais, car M. de Vergenne, après avoir négocié avec l'Angleterre, entama les mêmes négociations avec la Russie et la Hollande (1).

----

(1) Nous ne trouvons pas dans les registres trace de délibérations relatives à ces divers traités de commerce. Il ne semble pas que M. de Vergenne ait mis les Chambres de commerce dans la confidence de ses négociations et les ait consultées.

CHAPITRE V

Commerce des soies. — Origine et qualité des différentes soies. — Édits qui les obligent de passer par Lyon. — Avantages de ce privilège. — Moyens employés pour le conserver. — Opposition des autres villes manufacturières : Avignon, Nimes, Tours. — Mémoire de la Chambre de commerce pour l'assemblée des notables en 1787. — Comment le commerce des soies était lié au crédit de la place de Lyon. — Opposition de la Chambre à toute monnaie fiduciaire pouvant porter atteinte à ce crédit.

Les grandes banques, presque toutes fondées par des Italiens, avaient monopolisé le commerce des étoffes de soie tant que l'Italie était demeurée le centre de leur production. Elles s'étaient tout naturellement chargées de l'importation des soies dès que la fabrication des tissus, à la suite des étapes lentes qui marquent sa marche progressive en Europe, avait atteint la France et s'était établie à Lyon. Au XVIIIe siècle, le commerce des soies, comme pendant le XVIIe siècle, est entre les mains des banquiers.

Les sources des matières premières sont les mêmes : la Chine, l'Inde, la Syrie, la Perse, l'Archipel, l'Italie tout entière, la Sicile, l'Espagne, la France. Voici les renseignements que donnent les mémoires de la Chambre de commerce (1) sur les qualités et l'emploi de ces différentes soies (2).

(1) 1703, 1704, 1705, 1733, 1759. Nous ne parlons pas des *fleurets* provenant du cardage des cocons et de la bourre de soie. Il y en avait une fabrique à Lyon. On employait les fleurets dans les galons et dans l'article appelé *Padoues*. Le Languedoc produisait beaucoup de fleurets ; Zurich, Berne et Lucerne également. On trouve dans un tableau des importations de Suisse à Lyon, en 1747, que Zurich avait expédié 133,397 livres de fleuret, coté 8 liv. la livre, représentant par conséquent 1,067,176 liv. Les fleurets suisses étaient faits avec les déchets de moulinage achetés en Piémont et en Italie.

(2) 30 juillet 1731. Une lettre du contrôleur général, Orry, motivée par les évaluations qu'il avait reçues de la Chambre de commerce pour les tableaux des douanes, fixe la valeur des noms employés pour classer les

Les soies originaires sont fournies par les trois provinces, le Languedoc, la Provence et le Dauphiné, au milieu desquelles se trouve le Comtat-Venaissin qui est pays étranger. Alais, Ganges, le Vigan dans les Cévennes, Privas, les Vans et Joyeuse dans le Vivarais sont des centres importants pour le tirage des cocons. La qualité des grèges est, en général, mauvaise ; elles sont bouchonneuses, costeuses, fourrées (c'est-à-dire que les flottes sont jolies extérieurement et remplies de douppions à l'intérieur). Il n'est pas besoin, pour remédier à ces défauts, de créer des inspecteurs (1), ni de faire des installations de machines coûteuses qui renchériraient le prix des soies (2). Le mal vient de ce que chaque éducateur file ses

soies écrues : « La soie *graize* est une soie telle qu'elle a été tirée du « cocon avant d'avoir été filée et d'avoir reçu un apprêt, ce qui fait qu'on « l'appelle soie en *matasse*. Lorsqu'elle a été filée au rouet ou au fuseau « on l'appelle *soie crüe* pour la distinguer de la soie filée et dévidée au « métier à l'eau bouillante qui est improprement appelée *soie cuite*. Et « comme vous avez évalué, continue le ministre, les soies graizes du « Piémont à 20 livres la livre, et celle d'Avignon à 15 livres 15 sous tandis « que vous n'évaluez la *trame* qu'à 15 livres 5 sous, et les *soies plates* « à 11 livres 15 sous, il est à présumer que vous avez confondu les soies « graizes ou matasses avec les soies graizes ou filées au fuseau et au rouet. « Vous êtes en opposition avec la Chambre de Lille, qui évalue les soies « plates à 25 liv. et les trames à 16 liv., en sorte qu'entre ces deux « espèces de soies qui ont des apprêts différents celle que vous évaluez « le moins est directement celle que Lille évalue le plus. » Est-ce à dire qu'on ne savait pas distinguer à Lyon, les différentes qualités de soies? C'eût été une allégation singulière. Concluons seulement que le langage officiel, adopté par le Gouvernement, ne concordait pas avec le langage usuel, et qu'on s'efforçait de définir les mots employés dans les tarifs.

(1) Projet proposé par les Nismois en 1733, et repoussé par la Chambre de commerce.

(2) Machines proposées par Vaucanson en 1751, le 6 mars, pour le tirage et le moulinage. Il y a six mémoires qui concluent à ce qu'on ne fasse pas l'épreuve en grand et qu'on n'accorde pas le privilège demandé. « Ce serait renchérir les soies en France. Il n'y a pas de grège pour la « moitié des moulins qui existent. On doit commencer par obliger les « fileurs français à tirer meilleure partie des cocons. Il faut 15 livres de « cocons pour une livre de soie fine, 12 livres pour une livre de soie « moyenne, 10 livres pour une livre de soie ferme. La ville de Lyon pos-

cocons, ne fait aucun choix, mêle les bons avec les chiques et les doubles, sans se soucier de la qualité. Ce qui manque donc, ce sont des règlements de tirage, avec défense de filer à quiconque ne pourra pas produire de 150 à 300 livres de grège, afin que l'on trouve à la vente des balles homogènes au lieu de petites parties mal soignées et différant les unes des autres. Les machines nouvelles peuvent être un progrès, mais le premier progrès à poursuivre c'est l'attention dans toutes les opérations du tirage, étouffage et choix des cocons, croisure à la bassine et rapidité du mouvement des tours. Tout le secret de la supériorité des Piémontais est là.

« Les soies d'Alais sont tirées à l'instar de celles d'Espagne et les remplacent en partie. Elles se vendent à Nîmes, Lyon et Paris. Celles de Provence se vendent à Marseille, Nîmes, Lyon, Saint-Étienne et Saint-Chamond. » Il vient peu de grèges de France à Lyon ; elles sont ouvrées en trames à Saint-Chamond, car ce sont des grèges d'un titre très ferme. Les grèges du Vivarais cependant, qui sont les plus fines, peuvent se mouliner en organsin (1). La récolte en France est de peu d'importance et il n'y a pas lieu de protéger la sériciculture en mettant des droits élevés sur les soies étrangères (2).

« sède à Neuville douze moulins qu'elle ne réussit pas à louer. La nature « et la qualité de nos soies sont bonnes ; leurs défauts viennent de la li-« berté qu'a chaque particulier de tirer à sa fantaisie. » Tels sont les arguments pour repousser l'essai des machines. Elles se répandirent peu à peu, et, de 1782 à 1786, la Chambre consultée fréquemment sur des organsins ouvrés en Dauphiné avec des tours et des moulins à la Vaucanson, affirme la bonté des produits.

(1) La Chambre de commerce cite avec éloge, en 1750, les organsins que M. Deydier produit à Aubenas. On parle aussi d'organsin, fait à la piémontaise, dans la ville de Trans, près Draguignan, en Provence.

(2) La demande en fut faite en 1733 par les filatures du Midi qui prétendaient pouvoir suffire à la consommation française. Il y eut une augmentation sensible de récolte en Dauphiné, en Languedoc et en Provence pendant la seconde moitié du siècle : on estime qu'elle tripla sous l'influence de l'accroissement du travail dans la fabrique lyonnaise et des

A cause des impôts et de la cherté de la main-d'œuvre, les soies françaises seront toujours d'un prix élevé.

Les grèges espagnoles, faites à Valence et à Murcie, maintiennent leur réputation. Elles sont recherchées pour les fabriques de Nîmes et de Tours.

Du Levant viennent les grèges, dites *soies de mer,* les légis et ardasses qui sont produites en Perse, les tripolines, chouffa, barratines, qui sont produites dans la Syrie, l'île de Chypre, etc. Ce sont des soies de bonne nature et qui entrent dans toutes les consommations : ainsi Amsterdam en fournit aux manufactures de Flandres, et au marché de Londres lorsque la navigation de la Méditerranée n'est pas libre. Ces grèges du Levant arrivent tantôt par mer, tantôt par terre. Lorsqu'elles sont envoyées à Amsterdam par terre, elles passent par Astrakan, remontent le Volga, traversent la Moscovie, puis la ville d'Hambourg. Il y a régulièrement deux arrivages par an, à Amsterdam, fin juillet et fin octobre. Lyon reçoit ces grèges par Marseille (1).

Le Bengale (2) et la Chine donnent un certain contingent au commerce des soies. Il y a deux Compagnies des Indes en Hollande, deux en Angleterre, une en France : elles importent, toutes, des soies en même temps que des soieries. Au début du siècle, la fabrique étant peu occupée et les soies européennes suffisant largement à la consommation, l'importation

prohibitions qui empêchèrent pendant quelques années les sorties des soies de l'Espagne, de 1739 à 1760, de Modène, de Parme et de Messine en 1750.

(1) En 1704, on cotait à Marseille les légis 11 liv. 10 sols la livre, les ardasses 7 liv., les tripolines 12 liv. 10 sols, les chipres 12 liv., le chouïa 12 liv., les barratines 13 liv. 10 sols.

A la fin du siècle le tarif des maximum porte Ardassines 10 liv. 10 sous, Tripolines 12 liv., Chipres 10 liv. 17 sous, Brousse 14 liv. 15 sous, Mestonp 16 liv. 15 sous, prix cotés à Marseille.

(2) On cite la grège de Baryga comme une des bonnes grèges du Bengale. Quoique grossière, elle fait moins de déchet que les grèges du Levant.

des grèges de l'extrême Asie est combattue (1) ; mais, à mesure que le nombre de métiers s'accroît, la fabrique sent le besoin de ces soies. La Compagnie des Indes est, dans la seconde moitié du siècle, encouragée à importer des grèges du Bengale ; et, en 1765, un arrêt permet l'entrée des soies blanches de Chine, dites Nankin, par le port de Rouen (2).

Le pays producteur de soies par excellence est l'Italie, la sériculture y est partout établie. Ce sont les soies italiennes qui alimentent le commerce de Lyon (3). Les plus belles et les plus estimées sont les soies du Piémont (4). Les organsins du Piémont font la supériorité des taffetas lustrés ; ils sont indispensables à la fabrique lyonnaise à cause de leur nerf et de leur régularité. Les organsins de Bologne (5) sont employés

(1) 14 février 1705. Leur bon marché, d'ailleurs, rendait leur concurrence redoutable. Les soies de Chine venaient de Canton, le 14 février 1705 on signale une arrivée de 400 balles. Lorient était le port où la Compagnie des Indes, munie d'assez larges privilèges d'ailleurs, était obligée de débarquer les soies et les soieries importée par elle.

(2) 18 mars 1765. Les grèges seront conduites, sous acquit à caution, de Rouen aux bureaux de Paris et de Lyon, et y paieront, en sus du droit de 14 sols attribué à la ville de Lyon, 5 % de leur valeur estimée, dans l'édit même, à 30 liv. par livre pesant.

(3) La route la plus directe est de traverser le Piémont et d'arriver à Pont-de-Beauvoisin qui est l'entrée obligatoire en France pour les soies. Cependant une autre route est parcourue de Milan à Lyon pour arriver à Dortan. Elle nécessite de nombreux transbordements et changements de voiture. Elle passe par le lac Majeur, franchit le Simplon, passe par Brigge, Sion, Saint-Maurice, le pays de Vaud, Nyons, Saint-Claude, Dortan, Montluel ; elle est décrite dans un mémoire du 23 août 1704. On compte 129 lieues de Milan à Lyon par cette voie. Les droits s'élèvent sur cette route à 145 livres par balle, pesant 160 livres : il faut trois mois pour la parcourir.

De Gênes à Lyon, en traversant le Piémont, les mêmes mulets effectuent le transport : ils ne restent que trente jours en route. Mémoire de 1704.

(4) La consommation à Lyon des organsins Piémont est évaluée, en 1759, à 300.000 livres, soit 1,875 balles, car la balle était de 160 livres. Un tableau des importations, en 1748, porte les soies venant du Piémont à la somme de 3,969.932 livres, et celles venant d'Italie par la Suisse à la somme de 5.092,404.

(5) Bologne est la première ville d'Italie où l'on moulina des organsins.

dans les étoffes façonnées. Tours et Saint-Chamond demandent les grèges de Naples et Messine ; elles sont de bonne nature, mais d'un dévidage difficile à cause de la longueur des flottes (1). Paris et Rouen consomment des soies de Bergame et de Lombardie ; Amiens et Reims mélangent dans leurs étoffes de laine des organsins de Piémont de 16 à 20 deniers.

Au point de vue du commerce international, le grand avantage des achats de soie faits en Italie, c'est qu'ils ne nécessitent pas la sortie du numéraire. Une partie est payée avec les exportations de nos produits manufacturés, draperies, toileries, chapelleries, etc. ; pour l'excédent, le paiement se fait par virements, le commerce de Lyon étant généralement créancier des Anglais, des Hollandais, de Francfort, Nuremberg et Saint-Gall. Tandis que pour les soies du Levant, les soies de Chine, les soies des Indes, il faut exporter des espèces.

Ce rapide exposé suffit pour montrer quel développement a pris le commerce des soies à Lyon, et quelle variété de matières premières offre le marché aux fabricants lyonnais. La Chambre de commerce y voit une des causes de la prospérité et de la supériorité de la manufacture de Lyon ; et comme

Le secret de ces machines fut soigneusement gardé. Celui qui le trahit, nommé Ugolino, fut pendu en effigie, et eut son portrait peint sur les murs du palais de Bologne avec cette inscription : « Ugolino, traditor pratice ». Mémoire de 1703. A Lyon, c'est en 1670, que le Consulat, sous l'impulsion de Colbert, traita avec un Vénitien du nom de Briscito pour la création du premier moulin à la bolonaise : il fut établi à Neuville. Mais avant cet établissement municipal, l'initiative privée des fabricants de soieries avait attiré des mouliniers à Lyon : Turquet et Narys avaient, en 1537, appelé Leyderet, moulinier de Saint-Chamond ; Christophe de Crémone, en 1539, avait fait venir trois moulins de Saint-Chamond. L'industrie du moulinage, très prospère à Saint-Chamond au XVI⁰ siècle, rivalisait avec celle d'Avignon.

(1) 1759. Le prix d'ouvraison des grèges de Naples en trame était à Lyon de 3 liv., tandis qu'en Italie il était de deux liv. Les grèges de Lombardie étaient également tendres, et comme, en les dévidant, on faisait 3 à 4 % de déchet de plus en France qu'en Italie, leur ouvraison était également plus chère en France.

elle attribue ce résultat à l'assujettissement où sont tous les
marchands du royaume de faire passer leurs soies par Lyon,
elle attache un grand prix au maintien de ce passage obligatoire.

« La ville de Lyon, dit-elle (1), par sa situation au confluent
« de deux grandes rivières, sa proximité des provinces où
« naissent les soies, l'excellence de ses eaux pour les teintures,
« l'industrie de ses citoyens, a toujours été regardée par ses
« souverains comme la plus propre à faire fleurir le commerce
« des étoffes de soye, à former le centre du négoce de la
« nation. »

« Les acheteurs sont engagés à venir à Lyon par l'avantage
« surtout de pouvoir s'assortir dans la même ville, puisqu'il
« s'y fabrique des marchandises de tous les genres, soit en
« étoffes de soie, d'or et d'argent, soit en galons, rubans, bas,
« ajustements, etc.

« Pour entretenir cette variété de production, il faut néces-
« sairement une abondance de toutes les différentes qualités
« de soies dont chacune est propre à des usages différents ;
« comment les fabricants pourraient-ils avoir ce choix et cette
« abondance, si les soies n'étaient plus assujetties à venir à
« Lyon ?

« Les marchands du Nord et des foires d'Allemagne, qui
« font tous les ans le voyage de Lyon et enlèvent environ
« les cinq sixièmes de ses productions, s'épargneraient des
« voyages inutiles, et Lyon perdrait bientôt la plus forte partie
« de sa consommation et de son commerce.

« Ce sont ces considérations qui ont, dans tous les temps,

____

(1) 24 mars 1753. Lettre au Garde des sceaux.
Il est à remarquer que l'arrêt du 10 juillet 1703, qui confirme l'affran-
chissement du port de Marseille, porte également confirmation du privilège de l'entrée des soies dans le royaume par Marseille et du passage
par Lyon.

« fait regarder le passage des soies par Lyon comme un objet
« sans lequel la fabrique ne pouvait s'y soutenir.

« Plusieurs des anciens règlements portent en propres
« termes, pour motif de cette disposition, le préjudice que
« recevait le commerce de cette ville, l'anéantissement de ses
« foires et le dessein de prévenir la ruine et la désolation
« totale d'icelles. Les lettres patentes de 1585 et l'arrêt du
« 3 janvier 1670 déclarent nettement que le commerce de
« Lyon s'était notablement affaibli par la cessation de ce pas-
« sage, et par la négligence des officiers de la douane à cet
« égard.

« Il est incontestable que le passage des soies étrangères
« par Lyon est une loi établie sur les titres les plus authen-
« tiques et fondée sur le bien du commerce en général.

« L'édit rendu par François Iᵉʳ, en l'année 1540, pour
« favoriser les foires de Lyon, assujettit diverses marchandises
« à passer dans cette ville : l'article 4 comprend les soies
« cuites et teintes, l'article 10 les soies en général. Cet édit
« est le plus ancien titre de ce privilège ; il a été confirmé de
« règne en règne par les ordonnances des rois, successeurs de
« François Iᵉʳ.

« Il suffira d'en rappeler quelques-unes des plus récentes.
« Depuis les lettres patentes accordées par Henri III en 1583
« et 1585, les soies originaires des provinces du Dauphiné,
« Languedoc et Provence se trouvaient assujetties à passer
« par Lyon pour être transportées dans le reste du royaume,
« les habitants du Languedoc éludèrent insensiblement la loi
« et plusieurs particuliers furent saisis en contravention. Le
« syndic du Languedoc présenta la requête tendant à ce que
« les soies de cette province destinées pour Paris et Tours
« fussent exemptées du passage par Lyon.

« Les Prévôt des marchands et échevins firent leurs repré-
« sentations sur lesquelles il intervint arrêt du Conseil le 15

« juillet 1687 qui permit, il est vrai, sortie des soies originaires
« de ces trois provinces par Gannat et Vichy, mais qui chargea
« en même temps les soies de ces provinces, qui profiteraient
« de cette permission, d'un droit beaucoup plus considérable
« que si elles eussent passé par Lyon : l'objet de ce règlement
« fut de maintenir l'égalité et de favoriser le commerce de
« Lyon. Ce même arrêt renouvelle les anciennes ordonnances
« au sujet des soies étrangères qui demeurèrent assujetties à
« n'entrer dans le royaume que par Marseille et le Pont-de-
« Beauvoisin, sans pouvoir se dispenser de venir à Lyon,
« même pour les soies d'Avignon et du Comtat.

« Tous les baux passés par le Roi à la ville de Lyon pour
« le tiers sur taux et le quarantième contiennent expressément
« la même clause.

« L'édit du mois de juin 1711 établit un nouveau droit, et
« renouvela les anciens règlements au sujet du passage des
« soyes étrangères à Lyon.

« Quelques années après, les Avignonnais donnèrent des
« remontrances contre cet édit et formèrent opposition à
« l'arrêt de 1687, se prétendant en droit, suivant leurs pri-
« vilèges, de transporter leurs soies et soieries par tout le
« royaume sans être obligés de les porter à Lyon. Mais par
« arrêt du 13 mars 1717, le roi les déboute de leur opposi-
« tion, ordonne que les précédents édits et arrêts, juin 1711 et
« juillet 1712, seront exécutés, et, en conséquence, qu'aucune
« soie étrangère entrant dans le royaume par le Pont-de-
« Beauvoisin ou par Marseille ne pourront être conduites à
« Avignon sans avoir préalablement passé par Lyon, et que les
« soyes d'Avignon et du Comtat ne pourront être transpor-
« tées dans une aucune province du royaume ni aucuns pays
« étrangers, qu'après avoir été portées à Lyon.

« Il est vrai que par arrêt du 8 mars 1720 le Conseil altéra
« ces privilèges, en désignant pour l'introduction des soies

« étrangères dans le royaume le Pont-de-Beauvoisin du côté
« de la terre, Marseille du côté de la Méditérannée, et douze
« ports du côté de l'Océan, avec liberté, lorsqu'elles seraient
« entrées par l'un de ces endroits, de les transporter librement
« dans toutes les villes du royaume ; mais, cette nouvelle dis-
« position entraînant la destruction de la fabrique de Lyon,
« puisqu'elle était directement opposée à la règle qui avait
« causé son accroissement, c'est-à-dire l'entrepôt général des
« soies et le choix des matières premières, le Conseil en sentit
« bientôt les inconvénients et se hâta d'y remédier. Dès le
« mois de janvier 1722 le Roi émit un édit portant que, sans
« avoir égard à l'article 3 de l'arrêt de 1720 qui désignait les
« lieux par lesquels les soies pourraient entrer dans le
« royaume, les édits de 1540, 1583, 1605, 1613, 1711, ainsi
« que les arrêts concernant le passage des soyes tant origi-
« naires qu'étrangères par la ville de Lyon seraient exécutés
« selon leur forme et teneur et sous les peines portées ; et, en
« conséquence, fait défenses à toutes personnes de faire entrer
« aucune soye dans le royaume ni de les commercer avant
« d'avoir été transportées dans la ville de Lyon et d'y avoir
« acquitté les droits ; même d'en faire aucune vente, débit,
« ni entrepôt depuis leur entrée dans le royaume jusqu'à leur
« arrivée à Lyon, à peine de confiscation et de trois mille
« livres d'amende, dérogeant à tout ce qui précédemment au-
« rait pu être ordonné de contraire.

« Depuis cette époque la volonté du Roi n'a pas varié ; elle
« a même été confirmée par l'arrêt du Conseil du 20 novembre
« 1725, et les édits de mars 1734 et 1743. »

La Chambre de commerce y veillait avec constante sollicitude, et prenait grand soin qu'aucune variation ne sur-
vînt.

Pour justifier l'obligation du passage, il fallait qu'il y eût
un droit à percevoir à Lyon et que la garantie de la percep-

tion résultât de l'obligation imposée (1). Le principe du passage obligatoire était donc lié à celui d'un droit sur les soies. Avec quelle attention le Consulat, d'accord avec la Chambre de commerce, maintint ce droit! Avec quel empressement et quelle habileté l'intérêt de la ville s'y trouve lié à celui du Roi! Il est, d'autre part, si commode pour l'État, quand il a besoin d'argent, de trouver comme banquier une ville riche, jouissant d'un grand crédit, et vis-à-vis laquelle on se libérait par la concession d'une partie des revenus d'un droit à percevoir à la douane !

En 1713 le Consulat avait obtenu en échange d'une somme de 2,160,000 livres l'aliénation du tiers des droits de tiers sur taux et de quarantième.

En 1720, le conseil du Roi supprime les taxes supplémentaires, tiers sur taux et quarantième, qui grèvent les soies à la douane de Lyon, rembourse la dette de 8,310,085 fr. qui représente les emprunts contractés par la ville pour le service du Roi et qui avait pour garantie une partie de ces taxes : un droit unique reste imposé sur les soies au bénéfice de l'adjudicataire de la ferme générale; le passage des soies par Lyon n'est plus exigé, et la soie peut circuler librement dans tout le royaume après avoir acquitté le droit d'entrée dans un des bureaux de perception qui sont indiqués dans l'édit (2).

---

(1) Le droit sur les soies étrangères était de 5 % sur les poids nets calculés au poids de marc; et de 2 1/2 % sur les soies originaires, calculés sur le poids de ville; comme le poids de ville était inférieur de 16 % au poids de marc, on avait établi deux bureaux de perception à Lyon. Le Consulat, depuis 1711, après avoir prêté au Roi 1.200,000 liv., reçut la permission de prélever pour la ville 7 sous 6 deniers par livre de soie étrangère, et 2 sous 6 deniers par livre de soie originaire.

(2) 18 mai 1720. Un droit de 20 sols par quintal sur les soies étrangères et sur les soies du Comtat-Venaissin, sera perçu à Marseille, à Pont-de-Beauvoisin, et du côté du ponent, à Calais, Dieppe, le Havre, Rouen, Honfleur, Saint-Malo, Lorient, Morlaix, Brest, Nantes, La Rochelle, Bordeaux. Les soies d'Avignon paieront au bureau d'Avignon. Sont sup-

D'après les considérants de la loi, tous les droits, que l'on est décidé de supprimer pour le bien général du commerce et l'augmentation des manufactures, avaient été établis pour fournir aux besoins de l'État et nonobstant les représentations du Consulat, qui les regardait comme infiniment préjudiciables au commerce.

Deux ans après, tout est changé. La banqueroute de Law a créé d'impérieux besoins d'argent. Au lieu du droit minime de 20 sols par quintal, un droit de 14 sols par livre est mis sur les soies étrangères et un droit de 3 sols 6 deniers sur les soies originaires. La ville de Lyon est autorisée, le 20 janvier 1722, à bénéficier de ces droits et à les percevoir. Enfin, les bureaux créés du côté du Ponent sont supprimés et, comme autrefois, le passage obligatoire de toutes les soies par la ville de Lyon est rétabli (1).

La concession est faite pour vingt ans seulement, il est vrai, mais les occasions d'offrir des dons gratuits se répètent, et la ville obtient successivement des prolongations qui doublent le nombre des années de jouissance (2).

primés les droits de tiers sur taux, quarantième, douane de Lyon, douane de Valence, table de mer et tous autres droits. La ville de Lyon, en faveur de laquelle une partie des droits de tiers sur taux et quarantième avait été aliénée, et à qui la jouissance du reste avait été accordée pour un certain temps, sera indemnisée. Elle réclame le remboursement de ce qui est encore dû sur les emprunts qu'elle a contractés pour le service du Roi, et la rente de 60,000 liv. qui lui a été assurée comme octrois.

(1) Janvier 1722. Une exception est faite pour la Compagnie des Indes qui n'est pas tenue de faire passer par Lyon les soies qu'elle apporte de la Chine et de l'Inde. Déjà en 1770 elle avait été dispensée de faire passer par Lyon les étoffes étrangères qu'elle achetait pour exporter : ces étoffes devaient arriver directement en entrepôt à Lorient et à Nantes.

(2) Arrêts de novembre 1725, novembre 1726. Édits de mars 1734 et mai 1743. La délibération du Consulat prise le 24 décembre 1733 est typique : « Sur les observations du duc de Villeroy que rien ne serait plus « agréable au Roi que de chercher des expédients de donner à sa Majesté « de nouvelles marques de respect et reconnaissance en contribuant aux « frais d'une guerre devenue nécessaire, le Prévôt des marchands et les

Avant l'expiration de la concession qui doit arriver en 1762, les fermiers généraux font en 1755 une tentative pour recouvrer le droit de perception ; ils offrent d'abandonner les taxes qui pesaient sur les soies nationales et qui excitaient de nombreuses réclamations, mais ils n'osent pas attaquer le passage des soies étrangères par Lyon. Ils obtiennent l'édit du 30 décembre 1755 qui subroge l'adjudicaire des fermes générales au fermier des octrois de la ville de Lyon, avec condition qu'il recevra dans la ville de Lyon les droits stipulés en 1722, droits qui tiennent lieu des droits de douane et d'entrée sur les soies étrangères et les soies d'Avignon, et que les soies nationales, affranchies de tout droit (1), pourront circuler librement sans passer par Lyon.

Triomphe de courte durée !

En juin 1758 paraît l'édit suivant :

« Nous ayant été représenté par le Prévôt des marchands
« et les échevins que l'aliénation qui leur a été faite jusqu'en
« 1762 est le gage des emprunts que la ville de Lyon a faits
« tant dans notre royaume qu'à l'étranger pour nous fournir
« les secours qu'elle nous a donnés en exécution de nos édits
« de janvier 1722, mars 1734 et mai 1743, et que leurs créan-
« ciers sont alarmés par suite des prescriptions de l'édit de 1755
« (la ville empruntait ordinairement aux banquiers génois) ;

« échevins arrêtent de supplier très humblement sa Majesté d'accepter la « somme de deux millions de liv. qu'ils prennent la liberté d'offrir au « Roi par forme de don gratuit. » Suit la demande des exemptions qu'ils désirent en échange.

(1) L'édit, après avoir déclaré « que le passage par Lyon, rétabli en 1722, est très préjudiciable aux soies nationales que l'on est souvent obligé de faire retourner de Lyon dans le même pays d'où elles sont venues, inconvénient qui devient plus sensible en raison des augmentations de récolte qu'il faut encourager », énumère les droits qui vont cesser de frapper ces soies : droit des 3 sols 6 deniers par livre établi en 1722 ; droits de table de mer, foraine, douane de Valence, et tous autres droits locaux qui se lèvent en exécution de l'arrêt du 21 novembre 1724.

« Et lesdits Prévôt des marchands et échevins, animés
« du même zèle que leurs prédécesseurs pour notre ser-
« vice et celui de l'État, désirant contribuer aux dépenses
« extraordinaires occasionnées par la présente guerre, si inté-
« ressante pour le commerce général du royaume et en parti-
« culier pour celui de notre dite ville, nous ayant offert un
« secours de la somme de 6,800,000 liv. en deniers comp-
« tants.

« Nous sommes d'autant plus volontiers portés à écouter
« leurs très humbles représentations sur la perception des
« droits sur les soies étrangères et soies d'Avignon, qu'ils se
« sont soumis tant à la suppression des droits sur les soies na-
« tionales qu'à leur libre circulation, conformément à l'arrêt
« du 30 décembre 1755 (1) et à octroyer la demande qu'ils nous
» ont faite en faveur de la ville de Lyon pendant dix-neuf ans
« et trois mois à compter du 1er octobre 1762, de la jouis-
« sance et perception dudit droit sur les soies étrangères,
« soies d'Avignon et du Comtat, à condition que ces soies ne
« pourront être introduites dans le royaume que conformé-
« ment aux anciens édits et qu'en passant par la ville de Lyon
« pour y acquitter ledit droit (2). »

Comment mieux démontrer l'importance que l'on attachait

(1) Le droit de 3 sols 6 deniers fut rétabli sur les soies nationales au
profit de Lyon par l'article 14 des lettres patentes de novembre 1772.
Mais les récoltes en France avaient trop d'importance pour qu'il fût maintenu : il froissait trop d'intérêts. De vives plaintes s'élevèrent dans l'Assemblée des notables. Le droit fut supprimé le 20 septembre 1775. La
Chambre de commerce avait adhéré le 12 août 1775 aux motifs de la
demande adressée à l'Assemblée des notables, et appuyé la suppression
du droit.

(2) En 1722 la concession est faite pour vingt ans. Une première pro-
rogation de quatre années est obtenue le 20 novembre 1725 ; une seconde
de deux années, le 19 novembre 1726 ; une troisième de cinq ans et huit
mois en mars 1734 ; une quatrième de neuf années en mai 1743 ; une cinquième de dix-neuf ans et trois mois en 1758. A cette date l'expiration
de la concession était reportée à 1781.

à Lyon au passage des soies ? Le maintenir étroitement lié et aux intérêts du Trésor et aux intérêts de la ville, n'était-ce pas d'ailleurs s'assurer des armes excellentes pour le défendre ?

Il n'est pas nécessaire que le droit imposé soit élevé. La Chambre proteste même vivement contre une augmentation sur les soies d'Italie en 1733 (1); il suffit qu'il y en ait un et qu'il soit regardé comme la garantie nécessaire des banquiers étrangers, généralement Italiens, qui se sont réunis pour prê· ter les sommes offertes au Roi.

Ainsi, la Chambre de commerce peut répondre aux mouliniers sollicitant une diminution du droit sur les grèges étrangères (2) que toute suppression ou modération de droits sur les matières premières favorise incontestablement le travail des fabriques et augmente la consommation; que le moulinage, bien que ses souffrances viennent surtout de l'imperfection de ses produits mérite d'être écouté, mais que le droit sur les soies a été hypothéqué et affecté à la garantie des emprunts de la ville.

De même, dans les nombreux mémoires qu'elle produit pendant dans sa lutte contre Avignon (3), la Chambre de commerce fait souvent valoir les services rendus par la ville de Lyon au Roi, l'importance de conserver prospère la manufacture lyon-

(1) Voir la lettre à M. Palerne du 21 juillet 1733. La différence des droits entre la grège d'Italie et la grège de France était alors de 27 sous par livre ; la soie originaire était taxée 3 sols 9 deniers, la grège étrangère 14 sols à l'entrée en France et 16 sols à la sortie du Piémont. On ajoute un sol pour le transport.

(2) 5 mai 1759. Pétition des entrepreneurs de la manufacture du moulinage des soies à Salon. Observons, par contre, que la Chambre avait refusé, le 9 mai 1733, d'appuyer la demande faite par les filateurs de Provence d'une augmentation de droits.

(3) 3 mars 1708 et suivants. La querelle naît à la suite de l'établissement d'un employé lyonnais en 1706 à Villeneuve-les-Avignon, avec autorisation de M. de Basville, intendant du Languedoc, pour faire exécuter la loi du passage obligatoire des soies étrangères par la ville de Lyon, les soies d'Avignon devant être traitées comme soies étrangères.

naise et le peu d'intérêt que méritent les Avignonnais qui ont, au point de vue de l'industrie de la soie, tant d'avantages sur les fabricants lyonnais. Les Avignonnais demandaient que le commis préposé à Villeneuve-ès-Avignon par la municipalité de Lyon, pour empêcher les soies et les soieries de sortir du Comtat et d'être mises en vente sans avoir été préalablement portées à Lyon, fût rappelé ; ils soutenaient qu'ils étaient régnicoles, puisqu'ils étaient dispensés du droit d'aubaine ; qu'en conséquence ils devaient être tenus du passage par Lyon seulement pour les soies destinées à l'exportation, et ils voulaient avoir la liberté des transactions en Languedoc, Provence et Dauphiné, provinces séricicoles du royaume. La lutte devant le Conseil du Roi dura dix ans. La Chambre de commerce obtint que les soies d'Avignon et du Comtat seraient maintenues parmi les soies étrangères et soumises, comme telles, au passage obligatoire par Lyon et au traitement des soies étrangères (1).

Nîmes, qui avait prêté son concours (2) à Lyon contre Avi-

(1) Ce triomphe, obtenu en 1717, fut définitif. Les Avignonnais sollicitèrent vainement une diminution de droits sur leurs soies en 1733. Quant aux soies originaires, voici comment elles devaient être traitées, lorsqu'un droit pesait sur elles : « Toutes les soies originaires, dit la convention passée avec les fermiers généraux en avril 1724, non consommées dans les trois provinces, Languedoc, Dauphiné, Provence, seront obligées de passer par Lyon et ne paieront aucun droit le long de la route. Celles qui seraient envoyées de Lyon pour être moulinées dans les provinces séricicoles retourneront également franco à Lyon. Aucune soie originaire ne sera portée dans le Comtat et la principauté d'Orange sans avoir été préalablement conduite à Lyon. »

(2) Le mémoire de Nismes contre Avignon est de l'année 1715. Il y est dit que 1,250 maîtres ouvriers, occupant près de 5,000 métiers, produisaient des damas, brocards, satins, florences, taffetas, étamines ; que de plus on expédie d'Avignon à Lyon plus de 2,500 balles de soies ouvrées ; que toute cette production, évaluée à plus de 15 millions de livres, se répand en France au grand préjudice des fabriques du royaume.

Dans un autre mémoire de 1714, voici comment à la Chambre de commerce de Lyon on évaluait les soieries unies importées d'Avignon à Lyon.

gnon, sollicite, pour son propre compte, plusieurs fois (1) l'autorisation de recevoir directement les soies étrangères ; elle a, outre ses deux cents métiers fabriquant des bas de soie, de nombreux moulins qui ont besoin de grèges.

Les députés au Conseil du commerce appuient ses réclamations basées sur les avantages de la liberté du commerce et de l'égalité de situation entre les manufacturiers du royaume, sur les mauvaises récoltes si fréquentes en France, sur la concurrence des Lyonnais, qui achètent des cocons et des soies dans le Midi, sur la difficulté pour les Nîmois de se procurer les soies étrangères, déjà assez chères sans que des frais d'un transport inutile fussent ajoutés à leur prix.

La Chambre de commerce répond que l'obligation de passer

Entrées en poids 29,954 livres : il faut 12 aunes de taffetas d'Angleterre ou de Florence pour peser une livre, et 13 ou 14 aunes de taffetas demi-Florence ; en prenant 11 comme facteur, on trouve que 29,954 livres représentent 3,294,992 aunes, valant, à raison de 4 liv. l'aune, plus de 1,300,000 liv. de produits ; sans parler des étamines, satinades, damas, bas de soie, etc. On quadruplait ce chiffre pour évaluer la production avignonnaise.

(1) Octobre 1714, janvier 1749. Les députés du commerce allaient plus loin que les Nîmois : ceux-ci offraient de payer le droit d'entrée de 14 sols. Les députés demandaient la suppression de tout droit.

Lors de cette dernière tentative, les Nîmois pouvaient arguer de la prohibition qui frappait à la sortie les grèges d'Espagne depuis l'année 1739. Les décrets espagnols, ordonnant cette prohibition en 1739, puis la révoquant en 1760, sont traduits dans les registres de la Chambre de commerce à la date du 1er mars 1760. La sortie des grèges en 1760 n'était permise, par les ports d'Alicante, Barcelone et Carthagène, que pendant six mois da l'année, du 15 novembre au 14 mai, sous un droit de 8 réaux et 8 maravédis par livre de soie, poids de Castille, et qu'à la condition que les fabriques espagnoles n'avaient pas besoin de la soie destinée à l'exportation.

Il y eut une manufacture plus heureuse dans ses réclamations que celles d'Avignon, de Tours et de Nîmes : c'est celle qui fut établie à Nantes, en 1755. Elle obtint des lettres-patentes, le 16 août 1764, lui permettant de faire voiturer directement à Nantes, sans passer par Lyon et sans payer aucun droit, toutes les soies nationales. La Chambre de commerce ne s'en émut pas, et avec raison, car cette manufacture ne réussit pas.

par Lyon est une mesure d'intérêt général, prévient les fraudes, n'entrave en aucune façon la liberté puisque les Nîmois peuvent acheter, comme les Lyonnais, les soies en Italie et trouver des transports à bon marché, compense les désavantages qu'ont les fabricants de Lyon vis-à-vis des fabricants de Nîmes, placés au centre des pays qui produisent la soie. Elle ajoute que les Nîmois peuvent s'installer à Lyon puisque le commerce y est libre et sans jurandes, que leur accorder la facilité de se procurer les soies étrangères ce serait ruiner la fabrique de Lyon et faire perdre à l'État le profit qu'il tire des 35 à 40 millions de soieries fabriquées et vendues à Lyon, sans compensation, car les étrangers n'iront pas à Nîmes.

Tours était une rivale bien plus redoutable que Nîmes. Elle a pour alliés les députés des ports du Ponent, surtout le député de Nantes, port rival de Marseille. Et il était si naturel d'accorder quelques faveurs à cette manufacture aussi ancienne que celle de Lyon! Il était si étrange d'obliger les Tourangeaux, ayant à leur disposition la Loire et dans leur voisinage un port très commerçant, de faire passer par Marseille et Lyon les soies d'Espagne et les soies du Levant! L'attaque ne se lasse pas (1), mais vive également est la défense, et la Chambre de commerce ne laisse pas entamer le privilège.

« Détruire le passage par Lyon ne serait-ce pas détruire le « principe de la douane (2)? » Lyon, a été choisie pour siège de la douane parce qu'elle est comme le magasin et l'entrepôt général de l'Italie, de l'Espagne, de la Suisse et de l'Allemagne; et ce n'est pas dans l'intérêt de la ville que la douane y a été placée, mais bien dans l'intérêt du Roi. Permettre aux

(1) 1703, 1740, 1753.

(2) On trouve cet argument dans l'opposition faite en 1709 à la demande de Toulon qui, ayant obtenu une foire de quinze jours, désirait que les soies pussent y être portées, sans obligation du passage préalable par Lyon.

soies étrangères d'arriver librement par la Loire de Nantes à
Tours, c'est ruiner la manufacture de Lyon, qui supporte des
charges plus considérables que celles imposées à la manufacture de Tours et qui est dans des conditions économiques plus
désavantageuses (1). Les Tourangeaux reçoivent déjà directement, grâce aux privilèges de la Compagnie des Indes (2), les
soies asiatiques importées par cette Compagnie. Les frais de
transport, dont ils se plaignent et qui sont occasionnés par
l'obligation du passage dans Lyon, sont une faible compensation accordée aux Lyonnais. Que gagnerait le Roi à la ruine
de Lyon, ville qui lui est si utile, ville des plus considérables,
ville qui soutient le commerce de toute l'Europe ? Ce serait
agir contre le bien général.

Avec de semblables arguments, la Chambre de commerce
réussit toujours à détourner l'orage. Ils lui servent contre le
privilège de transit qu'avaient obtenu les habitants de la
Flandre française pour faire venir en franchise de Marseille
les soies nécessaires à leurs manufactures : outre les tapisseries de haute lisse, on fabriquait des velours, galons, rubans,
dentelles à Tournay, Valenciennes, Lille, et, dans la chatel-
lenie de Lille, à Roubaix et Tourcoing. Dès que le transit devient un peu considérable, l'employé, qui est à Septème,

---

(1) L'existence et les loyers sont meilleur marché à Tours qu'à Lyon ;
les impôts y sont moins lourds. Les Lyonnais, avant l'édit de 1720, auraient été d'ailleurs très mal partagés si on avait supprimé le passage des
soies par Lyon en faveur des Tourangeaux : ceux-ci n'auraient payé que
32 livres par balle de soie, tandis que les Lyonnais payaient 150 livres.
Parmi les autres arguments dont se sert la Chambre de commerce à l'en-
contre des Tourangeaux, se trouve cette observation qu'ils ne recevraient
les soies par mer à Nantes que deux fois par an, tandis qu'ils peuvent
s'approvisionner quatre fois aux foires de Lyon.

(2) En 1722 la Compagnie des Indes avait obtenu non seulement la
dispense du passage par Lyon pour les soies asiatiques qu'elle importait
à Lorient et à Nantes, mais encore la réduction à six sols du droit d'entrée
fixé à 14 sols par l'édit.

bureau frontière entre le territoire marseillais et le Languedoc,
en fait l'observation ; et, de concert avec les fermiers généraux,
la Chambre de commerce se plaint d'un abus de privilège,
et accuse les Lillois de faire venir des soies qu'ils reven-
dent aux Flamands du dehors ou aux Hollandais (1).

Malgré toutes les attaques, le fameux privilège du passage
des soies est conservé à la ville Lyon pendant tout le XVIIIe
siècle ; et, lorsque la Chambre de commerce est consultée sur
un projet de tarif qui doit être soumis à l'assemblée des notables, son rapporteur, Imbert Colomès, peut, le 19 avril 1787,
présenter la situation comme suit : « Le droit de quatorze
« sols par livre sur les soies étrangères a été établi par édit
« du mois de janvier 1722 et concédé à la ville de Lyon par
« arrêts du Conseil du 20 du même mois, 20 novembre 1725,
« 19 novembre 1726, pour des temps limités, et il a été suc-
« cessivement prorogé par les édits de mars 1734, mai 1743,
« juin 1758 et par les lettres patentes du mois de novembre
« 1772 (2).

« Ces concessions et prorogations ont pour objet de pro-
« curer à la ville de Lyon les moyens de se rembourser des

(1) 16 février 1704, 11 juillet 1716. Les Marseillais interviennent en
faveur des Lillois ; le procès donne lieu à de gros débats. Pour ce transit
de Flandre les entrepôts désignés étaient : Calais, Bayonne, Septème,
Pont-de-Beauvoisin, Strasbourg, Péronne, Langres. Le bureau principal
était à Lille. De 1708 à 1713 la ville de Lille ayant cessé d'être française,
le bureau central fut successivement établi à Douai 1708, à Cambrai 1710,
à Douai 1712 : il est rétabli à Lille en 1713, après la paix d'Utrecht.

(2) Le droit imposé aux soies étrangères était, en 1787, de 14 sols par
livre de soie, que percevait la ville : il y avait de plus 10 sols par livre de
ce premier droit, taxe supplémentaire attribuée au Roi ; enfin un sol sur
ces droits était attribué aux hôpitaux. Il n'y avait qu'une taxe uniforme
pour les grèges et les ouvrées. En 1789 les cahiers du Languedoc demandent qu'une distinction soit établie, faisant valoir le surcroît de la
plus-value, considérable souvent, atteint dans l'ouvraison : il y avait, en
effet, des grèges coûtant 18 liv. et des organsins coûtant 50 liv. Le tarif
de 1791 taxe les grèges 10 sols, les ouvrées 1 liv., les fleurets 8 sols.
Voici les prix de quelques soies, portés dans le tableau des maximum

« sommes considérables qu'elle a empruntées pour le service
« de l'État, et qu'elle a versées au trésor royal. Le produit de ce
« droit a même été affecté et hypothéqué à la sûreté des prê-
« teurs, par un compte à l'échelette des sommes payées par
« la ville au trésor royal pour obtenir la concession de ce
« droit et les différentes prorogations qui ont eu lieu depuis
« 1722. Il résulte que la ville se trouve en avance avec le gou-
« vernement de trente-huit millions six cent quatre-vingt-
« sept mille huit cent vingt-deux liv., déduction faite du
« produit du droit.

« L'un des principaux motifs qui a porté la ville à de si
« grands sacrifices a été l'assujettissement où les soies ont tou-
« jours été de venir directement acquitter les droits à Lyon,
« où elles sont conduites par acquits à caution pris aux pre-
« miers bureaux d'entrée dans le royaume, ce qui fait de Lyon
« le principal entrepôt des soies. La fabrique de Lyon, étant
« sans contredit la plus considérable du royaume, mérite cette

que la Convention a imposés par le décret du 6 ventôse an 11. Ce sont
les prix payables comptant à Beaucaire pour la livre de seize onces :

Grège paquetaille d'Alais	17 à 20	livres.
Grège de Provence	20 à 26	—
Grège blanche	25 à 30	—
Jolie grège de pays	28 à 34	—
Poil d'Alais	24 à 28	—
Tramette d'Alais	22	—
Trame de pays	30 à 36	—
Organsin de pays	32 à 41	—
Organsin de Piémont	33 à 41	—
Organsin de Modène	28 à 30	—
Trame de Milan, Parme, Sainte-Lucie	28 à 30	—
Poil de Sainte-Lucie	22	—
Trame de Naples	21 à 27	—
Grège de Naples, Messine	16 à 20	—
Grège de Brousse	19	—
Grège de Chypre	13	—
Grège de Nankin	33	—

La livre, poids à Lyon, n'avait que 15 onces.

« préférence. Cet entrepôt est nécessaire à l'existence de nos
« fabriques pour qu'elles aient la faculté de se pourvoir, à
« chaque moment de besoin, des soies propres à l'exécution
« des commissions qu'elles reçoivent journellement et qui ne
« peuvent souffrir aucun retard. Ces considérations font
« espérer à la Chambre de commerce que dans le projet d'éta-
« blir toutes les perceptions a l'entrée du royaume il ne sera
« rien changé à l'égard des soies, et qu'elles continueront,
« comme par le passé, à être conduites directement à Lyon
« par acquit à caution pour acquitter le droit. Si l'on trans
« portait aux frontières la perception de ce droit, les marchands
« de Lyon seraient obligés d'envoyer des sommes considé-
« rables au bureau de frontière pour y acquitter les droits, et
« d'y payer des commissions, frais qui retomberaient à la
« charge des fabricants. En partant du bureau des frontières
« les soies se disperseraient dans les différentes villes du
« royaume, nos fabricants perdraient l'avantage d'avoir sous
« leurs mains l'entrepôt général, ce qui serait nuisible même
« aux autres fabriques du royaume auxquelles il convient
« également qu'il y ait un entrepôt général.

« Il serait à désirer que les finances de notre ville permis-
« sent d'adoucir ou même de supprimer ce droit très onéreux
« à nos fabriques ; mais, s'il doit subsister, nous pensons qu'il
« vaut mieux que les soyes restent assujetties à un droit uni-
« forme de tant par livre que de payer un droit sur l'estima-
« tion. Cet article essuye de grandes variations dans les prix.
« D'ailleurs certaines qualités valent trois fois plus que d'au-
« tres, ce qui exposerait journellement les receveurs des
« droits à faire des saisies injustes ou à recevoir de fausses
« déclarations ».

Elle écrivait un peu plus tard, le 24 mars 1790, à M. Tournachon, le dernier député du commerce nommé par elle (1) :

(1) Les députés du commerce avaient été successivement MM. Anisson,
Clapeyron, Palerne, Pernon, Tournachon.

« Quant aux soies étrangères et aux droits qu'elles acquittent,
« elles doivent rester dans leur ancien régime. L'abolition du
« droit sur celles d'Italie qui se rapprochent le plus des nôtres
« procurerait une abondance qui, faisant tomber le prix de
« celles de France, dégoûterait nos fileurs et ils abandonne-
« raient cette culture importante. Celles du royaume de Naples
« et Sicile ne nuisent point aux soies de France par la diffé-
« rence de leur nature ; l'emploi auquel elles sont destinées
« peut en supporter les droits.

« Mais avant que le reculement des barrières jusqu'aux
« frontières du royaume soit définitivement arrêté, il convient
« que vous vous occupiez vivement de faire restituer à Lyon
« l'entrepôt dans notre douane des marchandises venant de
« l'étranger : cet entrepôt ne dérogera pas à la liberté qu'on
« veut rendre commune à tous, puisqu'il serait d'une grande
« utilité au public. »

La Chambre n'eut pas à se prononcer sur la sortie des
soies : en 1787 et en 1791, comme dans les temps antérieurs,
la prohibition demeura la règle.

Mais elle fut consultée sur la Caisse d'escompte qu'il s'agissait de créer. Or, à Lyon, la question du crédit se lie aux
questions intéressant le commerce soyeux auquel l'épargne et
les agents de change ont constamment des capitaux à offrir en
placement. Il en vient des provinces voisines, la Bresse, la
Bourgogne, le Dauphiné ; il en vient d'Italie, qui, d'ailleurs,
par ses soies déposées en consignation, est si largement inté-
ressée dans les affaires lyonnaises (1). Les négociants de Lyon

(1) Le mémoire du 14 août 1705 sur les billets de monnaie dit : « La
ponctualité des paiements de Lyon, la juridiction gratuite et sévère de la
Conservation, et la réputation où tous les marchands de cette ville sont
de gagner, tout cela fait que tout l'argent comptant de Lyon, de la province, celui du Dauphiné, de Bresse, d'Auvergne et de Bourgogne se dispose à Lyon sur les billets des marchands de cette place : outre le crédit
que la ponctualité des Lyonnais leur attire chez leurs voisins, ils en ont

jouissent d'un grand renom de probité, et par leur exactitude dans les paiements ou les remboursements appellent la confiance. Les transactions se font à longs termes sur la place (1).

Les étrangers qui y viennent rencontrent les mêmes facilités et trouvent aisément large crédit, ce qui leur permet de bénéficier sur les changes pour faire leurs remises au moment propice (2). On reconnaît ce grand mouvement international dans les virements de partie qui ont lieu aux paiements des foires tous les trois mois. Lyon est le grand marché des lettres

encore un très grand chez les Italiens non seulement pour la grande quantité de soie qu'on tire de chez eux, mais encore pour les grandes sommes d'argent comptant qu'ils prestent aux Lyonnais, parce que l'argent se dispose à plus haut prix qu'en Italie ».

(1) On vendait des soies à un an et même à dix-huit mois. En 1729 une tentative de quelques marchands de soie pour fixer les ventes à six mois avait échoué : elle fut reprise en 1772, et à cette date la Chambre émit un avis favorable à la proposition faite par les syndics et les maîtres gardes de réduire les crédits à neuf mois pour les transactions en soies, et à six mois pour les transactions en étoffes. On disait que la longueur des crédits favorisait l'indépendance des acheteurs, déterminait de plus nombreuses faillites, ôtait de la solidarité au commerce lyonnais, enfin augmentait les charges des négociants. Ainsi on calculait que le fabricant étranger, en achetant comptant, réduisait à 4 % les frais, tandis que le fabricant lyonnais avait 16 % en attendant 21 mois.

(2) Nous devons faire observer que les juifs n'eurent pas, à Lyon, un meilleur traitement que les autres villes : on regardait leur ingérence dans le commerce comme une atteinte aux droits des marchands établis en jurande (lettre de Pernon en 1751). Ils devaient demeurer enfermés dans les juiveries et n'en sortir que sur une demande expresse. Aussi quand les juifs avaient réussi à obtenir du Parlement de Provence (21 septembre 1709) le droit de séjourner dans certaines villes du ressort de ce Parlement, et d'y vendre ou acheter des étoffes de soie et autres, vieilles ou neuves, pendant un mois chaque saison, avaient-ils vu cet arrêt cassé le 15 février 1710 par le Roi. De même le Conseil d'État, par arrêt du 15 février 1731, cassa deux arrêts du Parlement de Dijon des 22 juin 1724 et 29 juillet 1731, accordant aux juifs semblables autorisations ; à Bordeaux on demande que les juifs avignonnais ne soient pas tolérés comme vendeurs dans les foires. A Nevers un arrêt du 19 avril 1740 interdit aux juifs tout commerce dans la ville. Il était admis que l'incapacité qui frappe les juifs est absolue et inhérente à leur personne et à leur qualité de juifs.

de change sur la Hollande, l'Angleterre, l'Allemagne, et le réservoir des métaux précieux qui arrivent par l'Espagne et l'Italie. Que de fois elle a fourni des ressources pour l'entretien des armées du Roi hors de France !

Mais pour que le crédit ne soit pas ébranlé, il faut que la régularité des paiements ne souffre aucune atteinte; une circulation monétaire suffisante doit donc être assurée. De là cette répugnance excessive que témoigne la Chambre de commerce pendant tout le XVIIIe siècle contre les billets de monnaie, expédient de trésorerie trop souvent employé (1), contre les variations arbitraires données à nos monnaies (2), contre la dépréciation trop grande des valeurs étrangères (3) dont elle réclame la libre entrée (4).

La réponse au sujet de la Caisse d'escompte fut dictée par les mêmes sentiments : voici en quels termes elle justifie son opposition (5), et cependant il y avait loin des émissions de cette banque, sérieusement garanties, aux anciens billets de monnaie :

(1) Voir la longue lutte de 1705 à 1707 contre M. Chamillart, et surtout la lettre écrite à ce ministre le 30 avril 1707. Deux fois, grâce à l'intervention du maréchal de Villeroy, et de toutes les influences qu'elle met en jeu, la Chambre de commerce obtient la révocation d'édits rendant obligatoires les billets de monnaie dans les provinces. Lorsqu'elle est contrainte d'accepter l'ordre du Roi en octobre 1707, le chiffre des billets en circulation n'était plus que 72 millions (il avait diminué de moitié). La question reparut en 1717, en 1739 puis en 1790. Les inconvénients du papier-monnaie sont longuement développés dans les mémoires du 26 janvier 1754, écrits en réponse à la proposition de M. de Gournay d'établir tous les règlements par des billets à ordre.

(2) 4 avril 1711, 4 juillet 1716 et dans plusieurs autres mémoires où l'on parle des causes qui déterminent les souffrances du commerce.

(3) 23 juillet 1706. Lettre très vive au sujet des réaux de l'Espagne décriés par l'arrêt du 8 février 1707. Lettres à M. Anisson le 21 février 1707, 5 janvier 1709, 11 mars 1709. Mémoire du 1er juillet 1730.

(4) Lettre à M. Anisson du 11 mars 1708. Mémoires sur le commerce des matières précieuses 9 octobre 1717, janvier 1737, mai 1747, septembre 1754.

(5) 5 février 1790.

« Quelles que soient l'utilité et la commodité des billets de
« caisse à Paris pour mobiliser les capitaux improductifs, on
« ne saurait en conclure qu'on doive leur donner cours à
« Lyon. La facilité de placer les capitaux chez les négociants
« ôte à nos capitalistes l'idée de garder leurs fonds oisifs. Nos
« banquiers et nos négociants ne payent qu'au moment des
« payements, qui se répètent quatre fois l'année. Dans l'inter-
« valle de l'un à l'autre, ils ne gardent pas d'argent en caisse;
« les espèces sont, pendant ce temps, mises en circulation
« continuelle et servent à des payements de détail, tels que
« celui des prix de transport, objet immense dans une grande
« ville de passage et d'entrepôt. Le manufacturier emploie les
« espèces au payement de la main-d'œuvre de tous ses ouvriers,
« et tous les citoyens s'en servent pour le payement des droits
« et des impôts dont le montant est reversé journellement
« dans le commerce par les receveurs, qui placent leurs fonds
« en dépôt chez les négociants ou les échangent contre du
« papier. Les espèces passent ainsi de main en main et sont
« dans un mouvement continuel qui exige en tous temps un
« numéraire effectif et présent de 3 à 4 millions. Aux époques
« des payements, malgré la facilité que fournissent les vire-
« ments à la loge des changes, il faut une plus grande quan-
« tité de numéraire; l'industrie de nos négociants nous la
« procure de toutes parts, puis aussitôt après nous en re-
« versons l'excédant soit dans les provinces méridionales,
« soit à Saint-Étienne et à Saint-Chamond, pour alimenter
« les fabriques de ces villes; nous en renvoyons même à
« Paris.

« La récolte des soyes, l'une des principales richesses de
« nos provinces méridionales, ne peut se faire qu'avec le
« numéraire que nous leur fournissons. La main-d'œuvre et
« les cocons sont payés en espèces, et nos négociants sont
« obligés d'envoyer aux fileurs et aux mouliniers des sommes

« considérables sans lesquelles ils ne pourraient pas nous
« procurer les soyes nécessaires à nos manufactures.

« Notre approvisionnement de blés, dont le prix se subdi-
« vise à l'infini dans les campagnes, ne peut être fait qu'avec
« des espèces, et ce seul article est un objet de 7 à 8 millions
« par an. On voit, par ce détail de l'emploi de nos espèces,
« qu'elles ne peuvent être remplacées dans aucun cas par des
« billets.

« Les billets de caisse ne pourraient jamais servir à Lyon
« qu'à être le signe représentatif des lettres de change sur
« Paris, déjà très abondantes et au-dessous du pair ; l'émis-
« sion des billets, en augmentant la masse de ce papier, en
« accroîtrait la perte en proportion. Nos débiteurs, placés
« dans toutes les villes de l'étranger et dans la province, ne
« nous payeraient plus qu'en papiers sur Paris pour jouir de
« cette perte à notre préjudice. Nos fabriques de toute espèce
« fournissent annuellement pour 100 millions tant dans l'inté-
« rieur qu'à l'étranger. Quelle perte énorme sur la rentrée
« d'une pareille somme !

« L'émission des billets de caisse à Lyon, quelque solide
« que soit le placement qu'ils présentent, détournerait aussi-
« tôt les capitaux du commerce ; les capitalistes renfermeraient
« leur argent ou le déposeraient chez l'étranger ; et que devien-
« drait alors notre commerce ? Il est bien reconnu que Lyon fait
« crédit à tout l'univers et n'en reçoit nulle part. Ce genre de
« commerce exige des fonds immenses, et ceux des négociants
« seraient insuffisants sans le secours des capitaux que les
« gens opulents et la bourgeoisie placent chez les négociants.

« L'émission des billets de caisse serait aussi nuisible aux
« capitalistes qu'aux négociants ; elle nous discréditerait au
« dedans et au dehors et n'aurait d'autre but que de décharger
« Paris d'une partie du fardeau dont la méfiance augmente
« journellement le poids.

« Notre commerce est trop précieux à notre ville et même à
« la nation pour nous exposer à sa ruine en voulant soutenir
« la capitale. Nos manufactures offrent à l'État des ressources
« bien plus réelles et plus entières que les impôts qui se per-
« çoivent aux portes de Paris, valeur morte et qui n'accroît
« point la richesse de l'État. Il est peut-être même important
« pour les grandes villes de province de ne pas confondre leurs
« intérêts avec ceux de la capitale ; assez et trop longtemps
« elle a été le gouffre où allaient s'engloutir les grandes for-
« tunes des provinces. La masse de sa population et de ses
« richesses aurait peut-être un jour rendu son despotisme
« plus dangereux pour notre commerce que ne le fut jamais
« le despotisme ministériel. »

Si, jugeant d'après nos principes financiers actuels le système qui vient d'être développé, nous inclinons à accuser la
Chambre de commerce d'étroitesse dans les idées, rappelons-
nous que nos fabricants de soieries et nos marchands de soie
ont traversé, pendant le XVIIIe siècle, sans éprouver la moindre atteinte à leur crédit, les rudes crises qui ont semé des
ruines dans le commerce de plusieurs autres villes où l'on
avait accepté facilement les valeurs conventionnelles jouant
le rôle du numéraire.

CHAPITRE VI

Commerce intermédiaire.
I. Situation des drapiers, des toiliers, des épiciers et des tireurs d'or. — Lutte contre Genève. — Lutte contre le fisc.
II. Adoucissement du régime protecteur sous Louis XV : arrêts de 1720, 1743, 1749, 1761. — Impressions contradictoires de la Chambre.
III. Dans ses appréciations économiques la Chambre tient compte de la situation particulière du commerce lyonnais, de ses privilèges qu'il faut défendre, de ses charges pour lesquelles il faut trouver des compensations. — Lutte incessante contre les empiètements des fermiers généraux. — Défense ardente des foires de Lyon et du tribunal de la Conservation.
IV. Elle repousse tout monopole en matière de transports. — Elle appuie la création de divers canaux.
V. Opinion de la Chambre dans diverses questions de législation : revendication ; lettres de change ; sociétés commerciales.

I

Le commerce et l'industrie de la soie ne bénéficient pas, seuls, des avantages de l'abondance des capitaux et du concours des acheteurs qu'attirent les facilités de crédit (1).

« Les Lyonnais, dit la Chambre de commerce (2), ne font « pas un négoce de consommation et de détail, mais un « négoce très étendu ; ils négocient en gros avec les étran- « gers dans tous les pays du monde où ils portent non seule- « ment les marchandises manufacturées en France, mais « encore celles des pays voisins. » Aussi sont-ils cruellement frappés par les évènements qui attristent la fin du règne de Louis XIV, et par la crise au milieu de laquelle débute la Chambre de commerce. « Les marchands, par le malheur « des guerres, ont perdu, la plupart, le fruit de leurs travaux

(1) Voir les mémoires du 6 mars 1754 écrits pour répondre à la proposition de M. de Gournay, de développer l'usage de la monnaie fiduciaire et généraliser l'emploi des billets à ordre.

(2) 18 juillet 1705. Dans un autre mémoire, 8 novembre 1704, on lit : « A Lyon le grand négoce des draperies vient des correspondances des « Lyonnais, et des crédits qu'ils font sans cesse aux autres marchands et « manufacturiers du royaume qui leur fournissent des draperies de toutes « sortes. »

« et de leurs veilles par la cessation du commerce en général
« et de leur correspondance avec les étrangers, soit par les
« pertes sur mer, soit par celles sur le retour des effets venus
« de la nouvelle Espagne et encore nouvellement, soit aussi
« intérieurement dans le royaume par la cessation des fabri-
« ques, par les fréquentes banqueroutes, par la cherté de
« l'argent, l'augmentation des droits particuliers, péages,
« octrois et autres établis depuis quelque temps, par l'exces-
« sive augmentation des prix des ports de lettres, les grosses
« douanes et autres droits que les marchands de Lyon payent ;
« par la liberté presque perdue des voitures réunies presque
« toutes dans une même main, ce qui est cause d'une très
« grande cherté et d'un très grand préjudice aux marchands. »

Les drapiers avaient vu se fermer les marchés de la Hollande et de l'Angleterre, d'où ils tiraient les draps fins nécessaires pour former, avec les draps grossiers du Languedoc,
du Dauphiné et du Berry, avec les draps moyens de Sedan,
Abbeville, Reims, Louviers et Elbeuf, les assortiments
que demandent le Levant, l'Italie, l'Espagne, l'Alsace et
l'Allemagne ; ils avaient essayé de faire imiter en France
ces draps fins en y employant les laines d'Espagne, mais ils
avaient obtenu des tissus d'un prix très élevé qui ne pouvaient entrer en concurrence avec les produits des laines
anglaises plus belles et meilleur marché. Les Genevois, profitant de la situation, ont attiré les acheteurs; leur ont présenté les draps fins du nord de l'Europe qui viennent par le
Rhin, les draps français qui sortent par la Bourgogne, et les
draps grossiers du Dauphiné qui sont achetés bruts pour
les avoir à meilleur compte et qui sont teints à Genève (1).

(1) Les Genevois avaient vainement essayé d'imiter les draps du Dauphiné : la nature des eaux, des savons ou des huiles avait empêché le
succès ; lettre à M. Anisson du 23 juin 1707.
On fabriquait également dans le Dauphiné des draps façon du Berry.

Une partie de la clientèle étrangère est perdue pour les Lyonnais, qui, année moyenne, vendent pour douze à quinze millions de francs de draps de toute sorte.

Les toiliers aussi sont supplantés par les Genevois, et non seulement sur les marchés d'Espagne et d'Italie, mais même sur les marchés intérieurs, car les Suisses ont le privilège d'entrer en franchise les produits de leurs manufactures, et, sous ce couvert, introduisent les toiles de Hollande, de Hambourg, de Flandre, même des toiles de Picardie et de Normandie qu'ils peuvent se procurer en payant, comme du reste pour les draps de France, moitié seulement des droits de sortie. Cependant le commerce des toiles est moins frappé que celui des draps, parce que Lyon est entourée de provinces, le Forez, le Beaujolais, le Maconnais, le Bourbonnais, la Bresse, le Dauphiné où l'on récolte des quantités considérables de chanvre.

Il y a, observe la Chambre de commerce (1), « quantité de « toiles en France. Les unes sont destinées au commerce « des Indes Occidentales et d'Espagne : telles sont les rouens, « caffres, fleurets blancards de Normandie, les toiles de Saint- « Quentin qu'on nomme communément bretagnes, les créés « et autres sortes qui se fabriquent en Bretagne, les toiles de « Laval, de Vitré, de Coutance, de Cholet et autres. Il s'envoie « aussi en Espagne et en Amérique beaucoup de toiles

L'industrie de la draperie était établie à Crest, où l'on tissait aussi des serges. Dans la Provence les fabriques sont nombreuses, à Arles, Apt, Fréjus, Draguignan. Dans le Languedoc où se consomment les laines des Pyrénées et du Roussillon, il y a de très nombreuses manufactures de draps, de cardillas ou moulletons et de serges. Le mémoire du 17 mars 1703, qui, à propos d'un tarif projeté des douanes, parle des laines et des draperies, cite en outre l'Auvergne, le Bourbonnais, la Bourgogne.

Dans la lettre adressée à M. Anisson le 3 août 1717, la Chambre de commerce dépeint le tort que les Genevois font au commerce de la draperie et demande qu'on y remédie.

(1) Mémoire du 23 août 1749.

« appelées Cambray, qui sont les batistes et les linons ; il
« s'en envoie beaucoup dans différents pays de l'Europe. Les
« autres toiles se consomment dans l'intérieur du royaume et
« ne suffisent pas à beaucoup près pour notre consommation ;
« nous sommes obligés, pour suppléer, de tirer quantité de
« toiles de Hollande, de Flandre, Brabant, Allemagne,
« Suisse. » Parmi ces toiles non désignées prennent place les
produits des manufactures du Lyonnais, du Forez et du
Beaujolais, dont les règlements, datés du 16 décembre 1719,
mentionnent les toiles dites régny, tarare, montbéliard (ce
sont celles qui sont barrées de jaune et de couleur) (1).

Les produits lyonnais, comme les produits du Nord, sont
exportés en Italie et en Espagne, et alimentent la consommation intérieure. Ces toiles de pays connus sous le nom de toiles
Saint-Jean arrivaient à Lyon deux fois par semaine et étaient
rassemblées dans un entrepôt placé à la portée des marchands
toiliers qui allaient y faire leurs achats en toute liberté. Le
Beaujolais et le Lyonnais fabriquaient les toiles fines de toutes
les largeurs, les linges ouvrés, les bazins. Il y avait des
marchés à Thizy, Amplepuis, Belleroche, Chamelet, Ville-
franche et Pannissière. Les négociants de Cluny, Pont-de-
Veyle, Pont-de-Vaux, achetaient beaucoup de fils dans le
Maconnais, la Bresse et le Bourbonnais, les faisaient blanchir
et apprêter, et en débitaient à Lyon aussi bien que dans le
nord de la France pour la fabrication des rubans dit cheva-
lières, des lacets, etc. Avec les chanvres du Forez, de la
Bresse, du Bugey, du Dauphiné, après triages des qualités, on
faisait des cordes, ou des toiles à voiles, ou des chesnettes :
ces dernières se débitaient, pour les tissus mélangés, en Italie,
Piémont, Languedoc, Provence, Picardie et Normandie. (2)

(1) Les blanchisseries étaient nombreuses en Dauphiné, mais dans la
généralité de Lyon on en comptait seulement cinq : deux dans le fau-
bourg de Vaise, une à Tarare, une à Valsonne et une à Neuville.
(2) Détails contenus dans la lettre à M. Anisson, 24 janvier 1703.

Une autre branche de commerce qui souffre beaucoup de la concurrence de Genève, c'est la dorure. Les Genevois ont fait venir des ouvriers lyonnais, ont établi chez eux l'affinage et le tirage de l'or, et ils peuvent livrer avec une différence de prix sensible (1) des filés, non pas encore suffisants pour les étoffes, mais appropriés à la confection des galons, des dentelles, des broderies qui sont demandés pour l'Espagne et les Indes occidentales. Et cependant Lyon est la ville du monde où l'art de tirer l'or et l'argent et de les filer est le mieux établi ; Lyon est la seule ville en France où l'on affine l'argent, et c'est elle qui en fournit à Paris (2). Son commerce de dorure fine avec l'Allemagne, l'Espagne, le Portugal, l'Italie est considérable.

La Chambre de commerce, après avoir constaté le mal, se met, dès le début, à l'œuvre. Elle ne croit pas à la possibilité de rendre à ce commerce intermédiaire la prospérité et l'éclat qu'il avait eus au XVIIᵉ siècle, mais elle le veut soutenir ; et elle entreprend de le préserver de toute charge nouvelle, d'obtenir un allègement des charges anciennes, enfin d'affaiblir la concurrence genevoise.

Son premier succès contre Genève est la révocation du transit de Marseille à Genève ; les Lyonnais depuis plus de vingt-cinq ans la sollicitaient.

C'était un privilège accordé à la Compagnie du Levant, lorsqu'elle avait été créée en 1670. Il consistait dans le droit

---

(1) 40 sous par livre marc pour le fin, et 10 sous pour le faux. On ne filait pas le faux à Lyon : il était fourni par Nuremberg et par l'Allemagne aux fabricants lyonnais. Mémoire du 11 avril 1704.

(2) En 1699 l'Intendant d'Herbigny estime qu'il s'emploie à Lyon 130,000 marcs d'argent et 1,000 marcs d'or, représentant 4 à 5 millions de livres, pour les traits et les filés. Les matières précieuses venaient d'Espagne. Ce commerce de dorure comprenait les affineurs, les tireurs, les écacheurs, les fileurs, les guimpiers, les passementiers, les tisseurs d'étoffes d'or et d'argent. Voir les mémoires des 11 avril 1704 et 1er août 1716.

de transporter de Marseille à Genève un certain nombre de
marchandises, soit en franchise totale, soit en franchise
partielle, des nombreux péages échelonnés sur cette route.
A la liquidation de la Compagnie, qui n'avait pas réussi, un
des directeurs, le sieur Magis, avait obtenu, en 1692, moyennant certaines conditions intéressant les draps du Languedoc,
d'être substitué à la Société (1) et de jouir du privilège du
transit. Il était mort, et sa veuve, associée à un négociant
genevois nommé Fatio, soutenue d'ailleurs par la municipalité
de Marseille, sollicitait les mêmes avantages. La Chambre de
commerce de Lyon intervint, montra que ce transit n'avait
en aucune façon accrû le commerce international ; qu'il pro-
fitait aux Genevois au détriment des négociants toiliers et
épiciers de Lyon ; qu'il fournissait l'occasion de fraudes
importantes, le sucre, le tabac, le café, et autres marchandises, qui avaient passé en transit, étant rapportés en contrebande dans le Dauphiné et autres provinces ; qu'il servait aux
Allemands, aux Suisses, à introduire leurs toiles et leurs
quincailleries au préjudice des nôtres ; que le passage par le
Piémont n'était pas à redouter et ne pouvait donner aux
Italiens aucun avantage pour détourner le passage si naturel
par la France et la vallée du Rhône des marchandises du
Levant (2). Elle fut soutenue par les députés du commerce,

---

(1) Le privilège, accordé en 1670, avait été renouvelé en 1678, puis
suspendu pendant quelques mois en 1688, du 9 mai au 12 octobre, parce
que la Compagnie ne réussissait pas et suscitait des plaintes nombreuses.
Lorsque Magis fut substitué aux droits de la Compagnie, quelques marchandises furent ôtées du privilège de transit, tabacs, cuirs, cire jaune, etc.
Parmi celles qui continuent de jouir des exonérations, les cotons en
laine, les galles, les bois de teinture formaient, au grand détriment des
épiciers de Lyon, le principal aliment du transit en remontant le Rhône ;
les toiles d'Allemagne, au détriment des toiliers, formaient la matière du
transit inverse.

(2) La Compagnie du Levant avait fait valoir, pour obtenir son privilège de transit, que la route par le Piémont offrait une notable économie

qui donnèrent au Conseil du commerce un mémoire très fortement motivé (1). Elle eut encore l'appui des fermiers généraux, peu disposés à approuver un privilège qui diminuait leurs revenus. Après deux années de lutte, elle obtint un arrêt du Conseil en date du 25 octobre 1704, révoquant le transit en franchise de Marseille à Genève, et imposant aux marchandises de payer les droits à la douane de Lyon et à la douane de Valence.

Ce premier succès fut bientôt suivi d'un second. Les marchands drapiers ne cessaient de se plaindre du tort que leur causait la possibilité pour les Genevois de tirer du Dauphiné et du Languedoc, moyennant un faible droit, de vingt-deux sols, le cent pesant, des draps bruts qui étaient apprêtés et teints à Genève. « Rien n'est plus contraire au bien de « l'Etat, disaient-ils (2), que de permettre la sortie des mar- « chandises brutes hors du royaume, car cela empêche à une « infinité d'ouvriers de gagner leur vie, comme sont les ton- « deurs, apprêteurs et teinturiers, qui ont été contraints de « sortir du royaume pour aller s'établir à Genève. Sa « Majesté perd aussi considérablement sur les droits des « drogues pour les teintures qui se faisaient à Lyon et à « Romans.

« Les fabriques du Dauphiné (3) peuvent fournir au moins « trente mille pièces de draperies dans les années abondantes « en laines. Ces étoffes se fabriquent dans les villages des

---

sur la voie du Rhône pour le transit des marchandises entre les ports de la Méditerranée et la Suisse. La Chambre de commerce s'efforce d'établir que, malgré les énormes droits qui grèvent le transport par le Rhône, la voie fluviale est meilleur marché que la route à travers les montagnes et les glaces du Piémont.

(1) 26 juillet 1704. A cette date est inséré le mémoire des députés, envoyé par M. Anisson.

(2) Mémoire des drapiers inséré à la date du 29 mai 1717.

(3) Mémoire du Consulat inséré à la date du 19 décembre 1716.

« environs de Romans, Saint-Jean-en-Royannais, Le Pont,
« Chabeuil, Crest et Montélimart, et fort peu dans les villes.

« Les marchands de Lyon et ceux de Romans en faisaient
« autrefois tout le commerce avec les étrangers ; elles étaient
« apprêtées dans Romans qui recevait, tous les jours, des
« habitants nouveaux dans son enceinte ».

En 1687, défense avait été faite sous peine de confiscation de
laisser sortir les étoffes de laines qui n'auraient pas reçu le
dernier apprêt. Cette défense étant facilement éludée, un
arrêt nouveau avait substitué, en 1693, à la prohibition de
sortie un droit de dix livres, par cent pesant, sur toutes les
étoffes qui passeraient dans l'étendue de la douane de Valence
pour les pays étrangers.

Une année plus tard, sur l'ordre de Pontchartrain, il avait
été sursis à l'exécution dudit arrêt, et le petit droit de vingt-
deux sols s'était établi depuis cette époque.

Ainsi, les Genevois, favorisés par les édits de 1701 et de
1702, qui ont diminué de moitié pour eux les droits de sortie,
tirent en droiture les draps des provinces du nord de la
France qu'ils vendent en Suisse, en Piémont, Italie, Allemagne ; ils ont cet autre avantage d'avoir à bon marché les
draps du Dauphiné qu'ils vendent dans ces mêmes pays étrangers comme aussi en Franche-Conté, en Bourgogne et en
Bresse (1) ; enfin ils font venir de la Hollande, à des conditions
bien différentes de celles qu'on a dans Lyon, les drogues nécessaires aux teintures.

(1) Sur les draps qui viennent par la Bourgogne, les Genevois paient
le demi-droit de sortie, environ trois livres par cent pesant ; les marchands
de Lyon pour ces draps du nord de la France paient 10 liv. 13 sous, par
cent pesant, soit pour le Roi 5 liv. 15 sous 6 d. pour le tiers sur taux
1 liv. 17 sous 6 d. pour la subvention 3 liv.. Sur les draps qui viennent
du Dauphiné, les Genevois paient le demi-droit de la douane de Valence,
soit 22 sols, tandis que les Lyonnais paient ce droit entier 2 liv. 4 sols
plus 3 liv. 11 sols 9 d. pour l'entrée à Lyon.

La lutte pour Lyon n'est donc pas possible; et il faut ou
rétablir l'arrêt de 1687 et défendre l'exportation des draps non
apprêtés, ou rétablir au moins l'arrêt de 1693.

La Chambre de commerce, après d'incessantes réclamations,
obtient, lors de la révision du tarif des douanes en 1717, que,
conformément à l'arrêt de 1693, le droit perçu sur les draps
bruts expédiés à l'étranger sera de dix livres (1).

Les marchands toiliers (2) et drapiers auraient voulu qu'on
allât plus loin et que le gouvernement ôtât aux Suisses la liberté d'entrer en franchise leurs toiles et l'autorisation de
payer seulement la moitié du droit de sortie : mais comment
attaquer des privilèges consacrés par des conventions internationales, et motivés par des convenances politiques (3) ?

Ce que peut la Chambre de commerce, elle ne manque pas de
le faire, c'est demander qu'on interdise la sortie des laines fran-

(1) 5 juin 1717. Voir encore la lettre à M. Palerne du 22 septembre 1733, la délibération du 25 mai 1731, celle de février 1781.

(2) Dans un relevé des importations pour l'année 1748 par Lyon,
Grenoble et Valence, sur un chiffre de 9,941,556 livres, pour lequel figure
la Suisse, il y a 1,583,742 liv. de toiles cotées 40 sous la livre. Les trois
principaux articles de l'importation suisse en France, de ce côté, ce sont
les fleurets de Zurich à 8 liv. la livre qui forment un total de 1,067.176 liv.,
les soies écrues qui figurent à raison de 12 liv. la livre pour 6,092,404 liv.,
et enfin les toiles.

(3) Les privilèges des Suisses remontent à 1516 ; ils furent confirmés par
le traité de Salerne en 1578, que rappela Henri IV en 1596 lorsqu'il accorda aux Genevois la qualité de regnicoles. La liberté d'emporter les
espèces d'or et d'argent, reçues en paiement de leurs marchandises originaires, fut accordée en 1638.

Les Suisses n'étaient pas seuls en possession de privilèges contre lesquels
s'élevaient les négociants lyonnais. Dans la séance du 10 décembre 1729
la Chambre de commerce examine et discute les privilèges des Allemands,
privilèges remontant à François Ier, 14 mars 1517, et à Henri II, en 1547,
confirmés par le traité de Riswick en 1618 et par le traité de Baden en
1714 : les Allemands pouvaient retirer leurs marchandises quinze jours
après le temps des foires, en profitant des mêmes franchises ; ils pouvaient en toute liberté négocier en France ; ils avaient le droit de faire
sortir l'argent monnayé provenant du prix des marchandises vendues,
etc., etc.

çaises, afin qu'elles ne viennent pas en aide aux manufactures étrangères(1); c'est protester contre les entraves que des mesures intempestives et vexatoires peuvent apporter au mouvement du commerce, telles que l'application fréquente de marques et de plombs sur les colis (2), les ouvertures et visites multipliées des ballots (3), les acquits à caution exigés pour les marchandises allant à Paris (4), le timbre dont on veut frapper tantôt les actes notariés (5), tantôt les livres de commerce (6), tantôt les actes de société (7), enfin, tous les contrats commerciaux, lettres de change, lettres de voiture, factures, bordereaux de banque, les passeports, etc.

C'est à l'occasion de ce dernier impôt, que la Chambre de

(1) 22 avril 1719, 28 avril 1731, 17 janvier 1733, 31 janvier 1733. Déjà le 10 mars 1703 la Chambre de commerce, avec son député M. Anisson, avaient protesté contre la libre sortie des laines originaires demandée au Conseil du Roi par les députés du commerce. Voir enfin la lettre écrite en 1707 à M. Dangevilliers, Intendant du Dauphiné.

(2) Le 25 août 1704 il s'agit d'un quatrième plomb contre lequel protestent les toiliers et les drapiers. Le 25 février 1730 la Chambre proteste contre l'arrêt du 14 décembre 1728 ordonnant que les draperies seront plombées et marquées, pour assurer leur bonne fabrication, là où sont les inspecteurs; la Chambre demande que cette visite soit faite au lieu de fabrication. Le 8 juillet 1730 la Chambre écrit à M. Palerne, député du commerce, pour protester contre le plomb qu'on veut faire mettre à toutes les balles sortant des foires pour l'étranger. Voir l'arrêt du 29 avril 1731.

(3) Arrêt du 30 juin 1733. Voir le mémoire des drapiers inséré à la date du 19 septembre 1733, et le mémoire contre le directeur du bureau de Lambèse, 25 février 1730.

(4) 22 juin 1731.

(5) 1703. Voir encore le 5 mars 1707 un mémoire des notaires très intéressant sur les frais d'actes à cette époque, mariage, testament, etc.

(6) 9 et 19 avril 1704. Les marchands de Lyon, dit la Chambre de commerce, n'ont jamais été assujettis au papier timbré dans les contrats passés avec les fermiers du timbre depuis 1680. Si à Paris on oblige les négociants à faire timbrer le livre-journal et le livre de ventes, c'est que ces livres en justice font foi pour les marchands : à Lyon il n'en est pas de même. Le Consulat dut racheter cette imposition, et payer pour que les Lyonnais en fussent exemptés.

(7) 1759.

commerce écrit (1) : « Le commerce ne refuse pas de contri-
« buer au paiement des impôts, mais pour pouvoir supporter
« le poids de ces impôts sans être écrasé, il demande qu'ils
« soient établis de manière à ne pas arrêter ses opérations
« et sa circulation, autrement ce serait détourner à sa source
« une rivière bienfaisante qui aurait pu arroser et fertiliser
« une étendue immense de pays.

« Le commerce doit jouir de toute la liberté qu'il peut rai-
« sonnablement comporter. Pourvu que le négociant ne
« trouble pas l'ordre public, ses opérations doivent être libres
« comme l'air qu'il respire ; et alors, en agrandissant chaque
« jour l'étendue de son domaine fictif il accroîtra en proportion
« les ressources et la force de l'Etat. »

En outre de ces taxes contre lesquelles la Chambre s'élève,
il y a d'autres charges que la pénurie du Trésor fait inventer.
Nous voulons parler des offices nouveaux, qui sont créés en
si grand nombre au début du dix-huitième siècle. Il est vrai
qu'au fond c'est une forme ingénieuse de solliciter un subside ;
et que tout se borne à un marchandage. Pour éviter les inconvénients d'une institution permanente d'agents fiscaux, il
suffit en effet à la Chambre de commerce ou au Consulat
d'offrir une somme d'argent.

Le Gouvernement même taxait souvent, sans vergogne, le
rachat ; il y en a quelques exemples dans les mémoires de la
Chambre de commerce. Ainsi il fixe à 150,000 livres la quote-
part de la ville de Lyon dans les 1,200,000 livres que le commerce du royaume aura à payer s'il ne veut pas subir les contrôleurs et visiteurs des toiles et des étoffes de laines (2). Il

(1) 1787. Ce mémoire rédigé par Imbert-Colomès a pour but de montrer combien seront vexatoires les mesures édictées par la déclaration du
Roi du 4 août 1787. Il entre dans de grands détails sur les mouvements
des transports, le nombre de traites mises en circulation par les banquiers, etc., etc.

(2) Décembre 1704. L'Intendant avait été d'avis de faire supporter cet

afferme 150,000 livres le contrôle des voitures aux fermiers qui avaient déjà les messageries, leur permettant de lever un sol par livre sur le prix des voitures, c'est-à-dire de surcharger les prix de cinq pour cent ; et il attend que les villes commerçantes, vexées par l'application de ce privilège, traitent pour s'en débarrasser (1). Il annonce qu'il va augmenter le nombre des agents de change et qu'il espère tirer de Lyon 600,000 livres (2).

Dans toutes ces occasions, la Chambre de commerce approuve les sacrifices auxquels se résigne le Consulat pour garder à Lyon son autonomie et en éloigner les fermiers royaux, mais elle proteste sans cesse et écrit a M. Anisson (3) à propos de la concession des voitures du Rhône qu'il faudrait racheter : « Nous sommes accablés de taxes et de misères ; « nous n'avons pas encore satisfait à l'imposition des inspec-

impôt par les toiliers et les drapiers seulement : la Chambre de commerce déclare que tous les commerçants lyonnais sont solidaires. Elle avait d'abord protesté, novembre 1704, faisant valoir que les contrôleurs des poids et mesures exerçaient ces mêmes fonctions. et que, pour ce qui concernait Lyon en particulier, elle n'avait pas de manufacture de draps.

(1) Octobre, novembre et décembre 1704. La Chambre de commerce attendit assez longtemps avant d'offrir de traiter. Elle protesta très vivement : « Surcharger le commerce de droits, c'est le détruire. Il est le nerf de l'État et on ne peut le maintenir que par la liberté et la facilité qu'on lui donne, et par la modicité des droits qu'on lui impose ; le restreindre et ôter aux sujets de sa Majesté les moyens de négocier, c'est amener forcément la diminution des revenus du Roi. » Elle dut s'exécuter en 1705.

(2) 4 janvier 1706. Lettre à M. Anisson. La Chambre signale comme impraticable à Lyon. à cause du grand nombre d'étrangers qui figurent comme endosseurs, la clause de l'édit « assujettissant toutes les lettres de change à être cotées par ces courtiers qui auront à certifier la sincérité des signatures de tous les endosseurs » Les agents de change ou courtiers étaient au nombre de trente ; ils auraient dû être quarante d'après l'arrêt de 1692, mais, après que le traitant eût vendu douze de ces charges, il obligea le Consulat à acheter les vingt-huit autres, et celui-ci en annula dix. Lettre à M. Anisson, 13 juillet 1703.

(3) 30 janvier et 18 février 1706. Finalement Lyon paie 1,500 livres pour sa part dans le rachat du contrôle des voitures, et 50,000 écus pour le rachat des charges d'inspecteurs des manufactures.

« teurs des manufactures et l'on nous en a déjà signifié trois
« autres : celle pour la suppression du contrôle des voitures,
« celle des poids et mesures, et la dernière pour la réunion des
« greffiers des communautés. Tout cela est au-dessus de nos
« forces et nous ne pouvons plus rien offrir. »

Il n'était pas toujours possible d'éluder un impôt par un
paiement une fois effectué. La Chambre en fit l'expérience à
propos du droit mis sur les huiles, impôt très désagréable aux
épiciers lyonnais « à cause du grand commerce qui s'en fait à
Lyon où l'on peut dire exister l'entrepôt et le magasin général
des huiles de toutes les provinces non seulement du royaume,
mais encore de plusieurs étrangères. » Lassée des vexations
et des procès, elle écrit à M. Anisson (1) : « Après tout, nous
« convenons avec vous qu'il serait avantageux au commerce
« d'éteindre cette nouvelle imposition, mais nous ne voyons
« aucun moyen, et ne pouvons même former aucun plan que
« nous ne sachions précisément ce que l'on veut tirer de la
« ville de Lyon. Toute la province du Languedoc a été ra-
« chetée moyennant vingt mille livres. Si l'on voulait nous
« traiter de même nous essayerions d'y engager messieurs
« les épiciers. » Elle n'obtint aucun résultat, car en 1716, au
moment où une révision générale des tarifs a lieu, elle se ré-
jouit (2) du nouveau régime adopté pour les huiles et qui

(1) Lettre du 27 décembre 1706. Le droit a été mis en mai 1705, il
était de 50 sols par quintal. Voir aussi le mémoire du 11 juin 1706.

(2) Lettre du 10 février 1716 : « Si la situation des affaires présentes ne
« permet pas d'espérer l'entière suppression de ce droit qui est très à
« charge au public, ce sera toujours un grand avantage pour les négo-
« ciants d'obtenir une régie favorable qui remette ce commerce en li-
« berté. »
Nous ne parlons pas de la difficulté mentionnée le 29 août 1730 à propos
d'un droit de 35 sols par quintal sur les « huiles italiennes », dites de la
rivière de Gênes, attribué à la Chambre de commerce de Marseille
en 1738, et qui avait été indûment perçu à Rouen. Ce fut un simple incident.

consiste à fixer un droit unique payable une seule fois tant sur les huiles étrangères à l'entrée en France que sur les huiles originaires dans le lieu de fabrication.

II

Sous le règne de Louis XV, le commerce est mieux traité. Les créations d'offices ne le frappent plus; les vrais principes économiques sur les sources de la richesse et la répartition des impôts sont mieux étudiés; le Conseil du Roi est guidé par de véritables financiers comme Orry, par des hommes d'affaires comme de Machault, par des économistes comme de Gournay (1). Les tarifs de douanes sont fréquemment examinés et les chambres de commerce consultées sur les modifications à y apporter; et, si l'on constate, sous la pression des déficits du Trésor, des aggravations d'impôts, des édits qui frappent d'une augmentation générale tous les revenus sans exception, on rencontre également, dans les cinquante années de ce long règne, des mesures qui indiquent un véritable désir du relèvement de notre commerce.

Ainsi, « le Roi ayant jugé à propos, par le traité conclu à « La Haye le 4 janvier 1717, de décharger les Anglais et « les Hollandais du payement des 4 sols par livre sur les « droits d'entrée des marchandises qu'ils feraient venir de « l'étranger, cette exemption donna un tel avantage aux sujets « de ces deux nations qu'il ne fut plus possible aux Français « de faire le commerce en concurrence. Des négociants firent « des représentations qui furent écoutées favorablement, et, « le 16 mai 1718, fut rendu un arrêt qui, à l'instar de

(1) Orry est contrôleur des finances de 1730 à 1745 ; de Machault de 1745 à 1754. Depuis bien longtemps M. de Machault participait aux travaux du Conseil du commerce ; ainsi on le trouve en 1719, maître des requêtes, lieutenant général de la police à Paris : à ce titre il avait droit de siéger au Conseil du commerce. De Gournay est mort en 1759.

« l'exemption accordée aux Anglais et aux Hollandais,
« ordonna que les marchandises importées par les marchands
« français seraient exemptées du droit de 4 sols par livre
« imposé en mars 1705 sur tous les droits de ferme indis-
« tinctement (1). »

En 1720 parut l'édit dont nous avons déjà parlé; il dispen-
sait les marchandises entrant dans Lyon des droits addition-
nels de tiers sur taux et de quarantième que la ville de Lyon
tenait à ferme (2). Le droit de tiers sur taux consistait à ajouter
à la somme portée au tarif de la douane le tiers de cette
somme. Il avait été consenti par le Roi, au commencement du
XVIIe siècle, en même temps qu'était accordé à la ville de
Lyon un octroi de 60,000 livres à prélever sur ce revenu. Le
quarantième, appelé aussi subvention, consistait dans une
taxe de 2 1/2 %, représentant généralement la moitié du tarif
de la douane de Lyon, qui était calculé à 5 % environ. Cette
subvention avait été établie pour les besoins de la guerre en
1640, à raison de 1 sol par livre, c'est-à-dire d'un vingtième
sur le prix de toute marchandise; la ville prit ce droit en ferme
et le réduisit de moitié. L'arrêt de 1720 était donc favorable
uniquement au commerce lyonnais, qui n'avait cessé d'insister
sur les charges que lui laissaient ces taxes locales.

Les arrêts de 1743 exemptent des droits à la sortie du
royaume et autres droits des cinq grosses fermes les étoffes et
tapisseries des manufactures originaires, fabriquées entière-

---

(1) Mémoire du 18 mars 1750. Les marchandises étrangères devaient
continuer à payer ce droit additionnel de 4 sols par livre, ou cinq pour
cent en plus, lorsqu'elles passaient dans les provinces où il y avait des
droits locaux à acquitter, parceque les marchandises originaires, qui
n'avaient pas été exemptes des 4 sols par livre mis également sur elles en
1705, subissaient cette taxe.

(2) L'Intendant d'Herbigny dit en 1699 que la ferme payée par la ville
pour ces deux droits était de 340,000 livres, moins 60,000 livres qu'elle
gardait comme octroi. Il n'en indique pas le revenu.

ment de laine, soie, poil, coton, ou mélangées, les ouvrages de bonneterie et les toiles du crû du royaume, lorsque ces marchandises seraient envoyées directement à l'étranger.

Six ans plus tard, cette mesure est complétée par l'exemption des droits d'entrée sur les matières premières. Le 12 novembre 1749, le Roi, étant informé que les arrêts des 13 et 15 octobre et 19 novembre 1743 avaient eu tout le succès que l'on devait en attendre, « mais qu'il serait encore un « moyen sûr de porter cette branche de commerce à un plus « haut point en favorisant la main-d'œuvre par l'exemption de « tous droits sur certaines matières premières absolument « nécessaires pour alimenter les manufactures et dont les « sujets du Roi sont obligés de tirer une partie de l'étranger ; « que cette nouvelle grâce serait un avantage d'autant plus « grand qu'elle les mettrait à portée d'avoir abondamment « celles desdites matières premières, dont le royaume ne pro- « duit pas une quantité proportionnée à l'industrie des sujets « de Sa Majesté, jusqu'à ce que leur émulation les mette en « état de s'en procurer par eux-mêmes la plus grande abon- « dance.

« Le Roi, toujours disposé à favoriser le commerce et « l'industrie de ses sujets, même aux dépens d'une partie de « ses revenus, s'est déterminé à leur donner cette nouvelle « preuve de protection ;

« Ouï le rapport du sieur de Machault, conseiller ordinaire « au Conseil royal, contrôleur général des finances ;

« Le Roi ordonne :

« 1º Les laines non filées, coton en laine, chanvres et lins « en masse et non apprêtés, poils de chameau et chevreau et « poils de chèvre, filés et non filés, qui viendront à l'avenir, « à compter du 1ᵉʳ décembre 1750, des pays étrangers, soit « par mer, soit par terre, seront exemptés de toutes les « entrées du royaume, de tous droits généralement quel-

« conques tant des cinq grosses fermes qu'autres dépendances
« de la ferme générale ;

« 2° Lesdites marchandises (1), ensemble celles de même
« espèce du crû du royaume, qui seront transportées des pro-
« vinces réputées étrangères dans celles des cinq grosses fer-
« mes ou de celles des cinq grosses fermes dans les provinces
« réputées étrangères, jouiront pareillement de l'exemption
« de tous droits, tant d'entrée et de sortie desdites provinces,
« qu'autres droits locaux, sous quelque dénomination que ce
« puisse être, dépendants de la ferme générale. »

Les autres articles de la loi fixent les droits de sortie des
laines non filés, des cotons en laine, des poils de chèvre ;
défendent le mélange des marchandises exemptes de droit
avec les autres ; ordonnent la visite et la vérification des colis
renfermant des marchandises exemptes de droit ; règlent
l'application de la loi au marché de Marseille.

Comme corollaire, le droit de sortie du royaume sur les cotons en laine et sur les cotons filés était augmenté en 1754 (2).

Citons enfin les arrêts, édictés en 1760, qui diminuent de

---

(1) Les chapeliers de Lyon demandèrent, le 14 mars 1750, que la liste
des matières premières, exemptes de droits, comprît les peaux de lièvres,
les peaux de lapins, et le poil séparé desdites peaux, matières premières
des chapeaux bon marché. Ils ajoutaient qu'il fallait maintenir les droits
de sortie sur les peaux de lapins, imposer les peaux de lièvres à la sortie.
Suivant eux, il y avait alors à Lyon plus de soixante fabriques occupant
quinze à quarante ouvriers, ce qui représentait huit cents familles ; les
enfants choisissent et épurent les poils de chameau, dits laines de Perse ;
les femmes rasent les peaux de castor, de lièvre, de lapin ; elles épluchent
et cardent les matières précieuses comme la laine de vigogne.

(2) L'arrêt de 1750 qui fixe les droits de sortie à 85 liv. pour les cotons
en laine et à 15 liv. pour les cotons filés oublia de révoquer les concessions
faites pour le transit des marchandises du Levant en 1704 et le transit des
productions de nos îles d'Amérique en 1717. De sorte que les cotons du
Levant et les cotons des îles, en passant par Lyon, continuèrent de payer
seulement les droits de la douane de Lyon et de la douane de Valence
dont le total représentait 6 liv. pour les cotons en laine et 8 liv. pour les
cotons filés, au lieu de payer les nouvelles taxes.

4 sols par marc les droits d'affinage taxés à 20 sols depuis le commencement du siècle, et qui réduisent à 1 °/₀ de leur valeur le droit de sortie des galons, passements, franges, dentelles d'or et d'argent, merceries et quincaillerie de toutes espèces. Ils ont pour Lyon un grand intérêt, car « la « manufacture des galons et autres ouvrages d'or et d'argent « dépendant de l'art des passementiers tient, le premier « rang dans Lyon après la manufacture des étoffes (1). » Et le commerce de la dorure, « l'un des plus importants de « l'État, puisque c'est par lui que nous recevons les piastres, « les pistoles, les barres et les riches matières qui se répan- « dent par le canal de l'Espagne dans toute l'Europe (2) », n'a cessé de demander, afin de pouvoir lutter contre Genève, la suppression du droit de marque imposé sur les lingots, la diminution du droit d'affinage (3), la suppression des charges d'affineurs et du droit de marque sur les galons (4), la liberté

(1) Mémoire du 29 novembre 1762.

(2) 1ᵉʳ août 1716. On affinait à Lyon l'argent au titre de 11 deniers 20 grains quand il devait être tiré en argent, et au titre de 11 deniers 18 grains quand il devait être doré. La Chambre de commerce (voir surtout un grand mémoire en 1757) se montra toujours opposée à l'introduction de la dorure en faux ; et, quand le privilège de faire de la dorure fausse fut, en 1780, accordé aux sieurs Demanthon et Carrand, elle demanda, en 1784, de revenir à l'arrêt de mars 1746 prohibant le mélange du fin avec le faux, ce qui fut fait par arrêt du 30 janvier 1787 ; elle craignait que cela ne conduisît à des abus et ne nuisît à la réputation des dorures de Lyon. Elle toléra un seul article, en grande vogue à la fin du siècle, le paillon coloré, parce que le cuivre paraissait à nu d'un côté, et qu'une seule face était argentée, puis colorée, et qu'on ne pouvait surprendre la bonne foi de l'acheteur. 5 mai 1787.

(3) 13 mars 1717. A l'étranger il n'y avait pas de droit de marque sur l'or et l'argent qu'on y faisait tirer, et l'affinage se faisait en pleine liberté, tandis qu'à Lyon on payait pour un lingot de 50 livres valant 2,500 livres, des droits s'élevant à 5 °/₀ de la valeur (droit de marque, droit d'affinage, droit supplémentaire sur le lingot doré, droit pour la communauté des tireurs). Ces faits sont rappelés dans le mémoire inséré à la date du 23 février 1753 en réponse à la proposition de M. de Gournay pour la liberté des maîtrises.

(4) 3 avril 1756.

du commerce des matières d'or et d'argent « qu'on doit regar-
« der comme marchandises pouvant se vendre, acheter et
« garder par toute sorte de personnes (1). »

C'est, disait avec raison la Chambre de commerce lorsqu'elle luttait contre la défense de laisser sortir les matières
précieuses et contre la fixation arbitraire de leur valeur,
« c'est par le secours du commerce, et par les mains des
« marchands que les matières premières viennent en Europe
« et par conséquent en France. Les négociants tant étran-
« gers que régnicoles, attentifs à leurs intérêts, savent parfai-
« tement faire leur compte et arbitrer s'il leur convient
« mieux de faire venir en France les matières qui leurs
« appartiennent et qu'ils ont commercées en Espagne que
« de les envoyer à Gênes, à Amsterdam et à Londres. (2) »

Des arrêts de 1760 comme de celui de 1720, le commerce
lyonnais tirait un avantage particulier, tandis que les arrêts
de 1743 et 1749 n'apportaient à la ville de Lyon aucune faveur
qui ne fût commune au reste du royaume; cela suffit pour
que les derniers fussent, à Lyon, considérés comme nuisibles. Les autres provinces n'étaient-elles pas obligées d'emprunter le passage de Lyon pour procurer aux marchandises
de leurs fabriques cette exemption de droits qu'on leur
octroyait (3) ?

---

(1) 16 octobre 1717. La Chambre, dans ce mémoire, proteste contre le
projet de faire fournir par le Roi toutes les matières précieuses dont le
commerce aurait été monopolisé à la Monnaie.

(2) En 1706. Il lui fallait encore, en 1726, protester contre la défense
de négocier les espèces d'or ; et, en 1754, réitérer ces protestations contre l'arrêt du 14 février 1751 qui faisait revivre celui de février 1726.
Elle avait pu obtenir en faveur de Lyon l'arrêt du 23 novembre 1728 qui
autorisait les affineurs à recevoir et à convertir en lingots les matières
d'Italie au défaut de celles d'Espagne dont l'entrée avait été permise en
1727 par une exception pour la fabrique de dorure de Lyon.

(3) 14 mars 1750. Mémoire du Consulat communiqué à la Chambre de
commerce.

Situation bien singulière ! La diminution des droits d'entrée pour les matières premières, et la diminution des droits
de sortie (1) pour les objets manufacturés destinés à l'exportation, étaient demandées par la Chambre de commerce déjà
en 1705. Elle redisait en 1717 « Pour les matières premières
« dont nous avons absolument besoin pour nos fabriques,
« qui sont les soies de Piémont, d'Italie, d'Espagne et du
« Levant, comme encore les fils, les laines, les gommes, les
« drogues et les fruits, on règlerait les droits à l'entrée du
« royaume à peu de chose, de manière que l'ouvrier qui les
« emploie puisse trouver partout la consommation des étoffes
« fabriquées. Et pour favoriser d'autant mieux les débits chez
« l'étranger, il conviendrait de réduire à des droits très mo-
« diques la sortie de nos étoffes hors du royaume.

« Si l'on voulait jeter les yeux sur la conduite des Anglais,
« des Hollandais, des Suisses, des Genevois, des Piémontais
« et de toute l'Italie, on verrait qu'ils tournent toute leur
« attention à avoir chez eux les matières premières, qui leur
« sont nécessaires pour leur fabrique, de la première main et
« au meilleur marché possible, qu'ils laissent sortir de chez
« eux les étoffes qui sont fabriquées sans payer aucun droit,
« donnant au contraire une si grande attention et protection
« au commerce, qu'ils facilitent aux marchands le moyen
« d'en porter la consommation dans tous les pays du
« monde (2). »

Tel est son langage, et cependant dès qu'il s'agit d'une
mesure accordant à toutes les provinces une diminution des

---

(1) La Chambre de commerce n'a cessé de demander l'exemption des
droits de sortie pour les marchandises qui sortent de Lyon. Voir son
mémoire du 12 août 1775, lorsque l'Assemblée des notables vote la suppression de ces droits.

(2) 30 janvier 1717. On retrouve les mêmes opinions et les mêmes
plaintes qui avaient été exposées le 10 avril 1711 lorsqu'il avait été question de modifier, dans les cinq grosses fermes, les droits de sortie.

droits de sortie, la Chambre de commerce se plaint que Lyon est lésée et fait une opposition qu'elle s'attend à voir mal reçue (1) !

Pour expliquer ces contradictions apparentes, ainsi que d'autres délibérations que nous avons encore à examiner, soit relatives aux douanes, soit relatives aux transports, il est utile d'établir la position particulière, du commerce lyonnais : elle est assez complexe.

III

Lorsque le tarif de 1664 avait été proposé par Colbert, la ville de Lyon, jalouse de conserver sa douane et les privilèges qui lui avaient créé une situation commerciale exceptionnelle, était demeurée en dehors des provinces des cinq grosses fermes. Mais elle avait su faire valoir combien la position géographique était désavantageuse ; et, comme le Gouvernement avait à ménager la généralité de Lyon, qui était un pays d'aides, elle avait obtenu d'importantes modifications, en ce qui la concernait, au régime imposé aux relations des différentes provinces entre elles.

Elle était, en réalité, au nombre des provinces réputées étrangères; mais, comparée à celles-ci, elle avait un traitement très adouci : divers arrêts du Conseil et de la Cour des aides avaient déclaré les habitants de Lyon exempts des droits d'entrée pour les marchandises qu'ils envoient dans les cinq grosses fermes, et exempts des droits de sortie pour les marchandises qu'ils tirent d'elles (2). De plus, les mar-

---

(1) 30 janvier 1717, lorsqu'il est question de diminuer tous les droits de sortie de 20 %. Antérieurement la Chambre de commerce avait dit que la diminution de moitié des droits accordée à six articles en 1702 était cause d'un grand préjudice pour la ville de Lyon.

(2) Ce privilège est établi par les arrêts de 1664, 1733, 1736, 1737 qui sont rappelés dans le mémoire du 6 février 1750.

chandises venant des pays étrangers à destination de Lyon, paient seulement un quart des droits d'entrée fixés au tarif des douanes, droits intégralement acquittés par toutes les autres provinces, provinces des cinq grosses fermes ou provinces réputées étrangères; et les marchandises expédiées de Lyon pour l'étranger et sortant par les bureaux des cinq grosses fermes sont soumises à la moitié seulement du droit de sortie (1).

Ces privilèges sont augmentés en temps de foires; l'exemption des droits de sortie, qui devraient être perçus soit à Lyon soit dans les bureaux de l'étendue des cinq grosses fermes, est accordée à toute balle marquée de l'écusson de la foire (2) et accompagnée du certificat des commis de la municipalité. Une seule condition est posée, c'est que la marchandise sortira de Lyon pendant les quinze jours fixés pour la durée de la foire, et que, si elle est destinée à l'étranger, elle sortira du royaume avant le temps de la foire suivante (3). Notons qu'il y a quatre foires à Lyon, partageant l'année en quatre parties égales, tandis qu'aucune autre ville, dotée de

---

(1) Tous ces avantages sont résumés dans un mémoire des fermiers généraux et dans un mémoire du Consulat insérés dans les registres des délibérations de la Chambre de commerce aux dates du 2 mai 1749 et 18 mars 1750.

(2) C'étaient les armes de la ville de Lyon avec le nom et la date de la foire, car il y a quatre foires : l'une commence le lundi après la fête des Rois; l'autre, le lundi après Quasimodo, c'est la foire de Pâques; la troisième, le 4 août; la quatrième, le 3 novembre, c'est la foire des Saints.

(3) La question des privilèges des foires de Lyon est très souvent étudiée par la Chambre de commerce : elle est traitée dans de nombreux mémoires : 23 mai 1705, 6 novembre 1706, 29 janvier 1707, 14 mai 1712, 14 mai 1740, 3 mars 1742, 4 août 1742, 19 février 1752, 14 septembre 1754, 17 juillet 1786.

La Chambre de commerce, pour ne pas porter atteinte à ces privilèges, refuse en 1762 aux recteurs de l'Hôtel-Dieu de prélever un petit droit, dans l'intérêt des pauvres, sur les colis sortant de Lyon et expédiés pendant les foires.

cette institution, n'en a plus de deux (1); que les droits de
sortie, connus sous les noms de foraine, rêve, haut passage (2),
sont partout établis, et que la faveur d'en être exemptés décide
les marchands à réserver leurs transactions pour le moment
des foires ; que les foires de Lyon sont les seules qui soient
des foires d'argent, et ont ce remarquable fonctionnement des
quatre paiements réguliers dans la loge du change (3); enfin,

(1) Bordeaux, Bayonne, Troyes, n'avaient que deux foires ; Beaucaire,
une seule. C'est en 1419 que les privilèges des foires de Brie et de Champagne, créées par Philippe de Valois en 1349, furent transportés à Lyon
par Charles VII. Il s'agissait de deux foires ; la troisième fut accordée en
février 1443; la quatrième en 1467, lorsque Louis XI supprima les foires
de Genève. Pour conserver ses foires et le privilège de la juridiction de la
Conservation, la ville de Lyon paya souvent de grosses sommes.

(2) La foraine était perçue sur les marchandises qui sortaient du
royaume : c'est un droit d'aides d'un sol par livre qui date du roi Jean, et
avait été mis pour payer sa rançon. La Chambre de commerce en décrit
le fonctionnement dans des lettres à M. Anisson, des 23 mars 1705 et
15 juillet 1706. Le rêve, droit de quatre deniers par livre, créé par
Charles le Bel, sur la sollicitation des Flamands qui demandaient à exporter certaines marchandises jusqu'alors prohibées, était exigé sur les marchandises allant dans les provinces où les aides n'avaient pas cours : Dauphiné, Provence, Dombes, Bourgogne, etc. Le haut passage était un droit
domanial : il avait été créé pour permettre l'exportation de certaines marchandises sous le règne de Philippe le Long, époque à laquelle le système
de prohibition générale dominait.

(3) Chaque foire est suivie d'un paiement dont le règlement a été
rédigé par le Conseil d'État en 1667, puis confirmé par l'ordonnance de
1673. L'ouverture a lieu le premier du mois : 1er mars, 1er juin,
1er septembre, 1er décembre. Pendant quinze jours on s'occupe des règlements : les acceptations étaient données du 1er au 7, et le 7 les protêts faute
d'acceptations devaient être faits ; pendant la seconde quinzaine du mois
on fait les virements. Ce qui doit être payé en espèces est réglé le 3 du mois
suivant, par conséquent le second mois après la foire, à cette même date
du 3, on faisait les protêts pour les traites acceptées et pas payées. « Ces
quatre paiements constituent une espèce de marché auquel toute l'Europe assujettit les opérations qui y sont relatives ; et les virements de
sortie font tous les trois mois une véritable représentation des espèces,
puisqu'on solde dix millions de dettes par 400,000 livres d'argent
comptant. » Mémoire du 6 mars 1754. Le dernier paiement fut celui
de 1793 ; le paiement de septembre ne put avoir lieu à cause du siège.
On remarque que d'après ce règlement l'acceptation des traites ne pouvait
être exigée que quinze jours avant leur échéance.

qu'elles ont une juridiction particulière reconnue même à l'étranger, la Conservation (1).

Il résultait de ces concessions que tout commerçant, en faisant ses transactions à Lyon, pouvait constamment éviter les droits de sortie (2); c'est donc frustrer Lyon et lui ôter un avantage que diminuer ces droits d'une manière générale et pour toutes les provinces.

Voilà pourquoi la Chambre de commerce n'admet, en fait de dégrèvements, que ceux dont le commerce lyonnais peut seul bénéficier.

Elle acceptera en 1787 qu'on supprime toutes les impositions qui se lèvent en différentes provinces, causant une grande gêne au commerce, tant à l'intérieur qu'à l'extérieur, et qu'on rende au commerce la liberté, en portant tous les droits aux extrémités du royaume; elle a, d'elle même, souvent protesté contre les douanes intérieures; mais au moment où cette grande réforme est sur le point de se réaliser, lorsqu'il est question d'établir un droit unique d'entrée et un droit unique de sortie, elle écrira (3) : « Notre ville jouit de temps

(1) La Chambre de commerce est obligée plusieurs fois de défendre les privilèges de la Conservation, comme nous le dirons plus loin. En 1703, on attaque la dispense d'enregistrement des actes produits devant elle, en 1705 sa compétence en matière de procès de transports, en 1742 son droit de prononcer la contrainte par corps, en 1759 son privilège de connaître des affaires de commerce en tous temps, en 1786 l'étendue de sa juridiction sur le Dauphiné.

(2) Une seule exception est indiquée : « Les marchandises sortant de « Lyon pour l'étranger, soit dans le temps de foire, soit hors de temps de « foire, doivent les droits de sortie en entier lorsque ce sont des droits « plus forts que ceux du tarif de 1664, parce qu'alors ces droits doivent « être regardés comme exclusifs et établis dans le but de conserver les « dites espèces dans le royaume pour l'aliment des fabriques et manufac- « tures du royaume. » Lettre du fermier général au fermier de la douane de Lyon, 27 janvier 1752.

(3) Mémoire pour l'Assemblée des notables, 19 janvier 1787, à propos du tarif général des douanes projeté.

« immémorial du double privilège de ne payer aucun droit
« sur les marchandises qu'elle exporte en temps de foires, et
« de faire sortir en tous temps les marchandises, de quelque
« nature qu'elles soient, en ne payant que la moitié du droit
« de sortie du royaume. Ces privilèges sont en partie cause
« de la prospérité du commerce de notre ville, malgré l'impôt
« d'octrois que nous payons pour la libération des dettes de
« la ville, malgré l'extrême cherté qui y règne sur tous les
« objets de consommation journalière. Ces privilèges sont
« des moyens d'économie sur le passage des marchandises,
« et d'une plus grande conséquence encore que la dépense
« des frais dans Lyon. Mais si la ville perd les privilèges
« ci-dessus, il n'est pas possible qu'elle conserve son com-
« merce de transit. Il est donc essentiel que, dans le régime
« futur, Lyon conserve les mêmes privilèges (1). »

A entendre la Chambre de commerce, on ne croirait pas
que ces privilèges sont des avantages exceptionnels : ils ne
sont que de justes compensations.

Après avoir établi les foires pour provoquer l'exportation,
multiplier la consommation, et par conséquent accroître les
revenus des droits d'entrée, les rois ont voulu former au
centre du royaume un entrepôt général de toutes les marchandises originaires et étrangères. Ils ont choisi la ville
de Lyon, et y ont placé une douane, afin d'assurer la
perception des droits d'entrée.

---

(1) La Chambre de commerce disait le 30 janvier 1717 : « Les Lyonnais
« n'ont jamais demandé autre chose que d'être traités comme tous les
« autres sujets du Roi : ils ne sollicitent aucun avantage particulier, mais
« seulement une égalité dans les impositions qui les mette en état de
« négocier concurremment avec leurs voisins et de rétablir par leur travail
« la réputation de la seconde ville du royaume. Le seul moyen d'y réussir
« serait de supprimer tous les droits locaux et les bureaux intérieurs, et
« porter aux extrémités de la France un droit unique d'entrée et de
« sortie. » On voit quelles restrictions il fallait y faire.

Pour compenser le droit de la douane de Lyon, qui est un droit d'entrée, il a été convenu que les marchandises, à destination de Lyon, paierait le quart de ce droit tarifé en 1664.

Plus tard, en 1720, les droits de tiers sur taux et de quarantième ont été supprimés ; mais, outre ces droits spéciaux, que de taxes évitées aux négociants des autres provinces, à cause de la position géographique de ces provinces, incombent aux lyonnais et sont maintenues !

Les routes qui conduisent de la Méditerranée ou du Nord à Lyon sont hérissées de péages ; les voies fluviales ne sont pas plus favorisées que les voies terrestres, et, « entre « Gray, en Bourgogne, et Arles, en Provence, on compte « quarante-sept bureaux où il faut perdre un temps énorme « et se soumettre à une concession journalière si l'on ne veut « pas s'acharner à sa ruine par la multiplicité des procès « qu'on aurait à soutenir pour se garantir des vexations de « la multitude des receveurs ».

Les marchandises qui viennent du Languedoc et de la Provence à Lyon paient : la table de mer, les 2 % d'Arles, le liard du Baron, la douane de Valence, la douane de Lyon, les droits lyonnais de tiers sur taux et du quarantième, sans parler des surtaxes de ces droits ; les marchandises que les Lyonnais tirent des provinces des cinq grosses fermes pour les envoyer en Languedoc et en Provence paient : le quart des droits du tarif de 1664, la douane de Lyon, les droits lyonnais, la douane de Valence, la foraine. Sur la Saône, entre Lyon et Chalon, n'y a-t-il pas les péages de Rochetaillée, Trévoux, Riotty, Montbelet, Belleville, Mâcon et les octrois de Tournus, Chalon ; et au-delà de Châlon tous les octrois de Bourgogne (1).

____

(1) Les droits entre Lyon et Chalon représentent 20 sols par quintal ; les octrois de Bourgogne, au-dela de Chalon, 14 sols par quintal.

Il y a surtout cette douane de Valence, qui enserre les Lyonnais de tous côtés et contre laquelle ils ne cessent de protester. Établie sous le nom de douane de Vienne en 1585 pour procurer au seigneur d'Isimieu, gouverneur de Vienne, les 20,000 écus qui lui avaient été promis, elle avait été maintenue après que la somme eut été payée. Elle prit le nom de douane de Valence en 1621; son tarif, fort simple, fixe des droits qui sont perçus sur toutes les marchandises chaque fois qu'elles passent ou sont censées passer par le Dauphiné. Elle s'est successivement étendue par les envahissements des fermiers, et on la rencontre sur toutes les routes au nord et au sud de Lyon, depuis les portes de Genève jusqu'aux limites extrêmes du Dauphiné; elle a même pu maintenir un bureau de perception à Montluel pour saisir les marchandises qui, sur la rive droite, viennent à Lyon ou vont à Genève, et un autre sur la frontière d'Auvergne (1).

Tous ces droits locaux, inévitables pour les commerçants lyonnais, constituent des charges auxquelles les autres négociants peuvent se soustraire (2). A tout bien considérer, dit la Chambre de commerce, elles sont supérieures aux bénéfices qui résultent des exonérations de droits et des privilèges des foires; il faut donc repousser toute mesure, toute entreprise qui pourrait accroître les frais, aggraver les droits, ou atténuer les avantages résultant pour Lyon de ses privilèges.

De là son opposition au transit de Marseille à Genève, dont jouissait la Compagnie du Levant, et au transit qui permettait aux négociants de la Flandre, de l'Artois, du Cambrésis

(1) L'histoire de la douane de Valence et de ses extensions est développée dans les mémoires des 28 avril 1703, 14 février 1705, 14 septembre 1759.

(2) Dans les mémoires des 28 avril 1703 et 18 mars 1750 sont les calculs des frais supportés sur les différentes routes et aux différentes époques de l'année pour les draps, les toiles, les soieries, etc.

de tirer par les pays étrangers, par les bureaux de Bayonne, Septème, Pont-de-Beauvoisin et Langres les matières propres à la fabrication de leurs manufactures sans payer ni entrée ni sortie dans les provinces des cinq grosses fermes, ni traite d'Arzac, ni foraine de Languedoc, ni douane de Valence, ni douane de Lyon, ni tiers sur taux, ni quarantième (1).

De là son opposition aux foires de Troyes. Elle écrit à M. Anisson, le 23 novembre 1706 : « Vous proposez de laisser « jouir les Troyens du privilège de leurs foires pour leurs « propres manufactures ou pour celles de leur voisinage, qui « seraient apprestées chez eux, lesquelles ils pourront trans- « porter à l'étranger, c'est-à-dire en Lorraine, en Franche- « Comté, en Alsace, en Allemagne et dans la Flandre fran- « çaise. Mais nous ne croyons pas qu'il soit à propos d'entrer « sur cette matière en aucune composition. Les Troyens ont « bien fait leur commerce pendant près de deux cent soixante « ans sans le privilège des foires ; les neuf années qui leur « avaient été accordées sont expirées, et nous avons été trop « maltraités dans cette affaire pour devoir y apporter présente- « ment aucune facilité de notre part. Ainsi, Monsieur, nous « vous prions de soutenir que les Troyens doivent être con- « tents de la grâce que Sa Majesté a bien voulu leur faire ; « qu'il ne serait pas juste que la ville de Lyon, qui a financé des « sommes considérables pour la confirmation de ses foires,

---

(1) C'est le privilège du transit accordé à la Flandre et aux pays ré- cemment conquis, le 15 juin 1688, puis confirmé le 20 mai 1713 : la Chambre de commerce, le 11 juillet 1716, fait cause commune avec les fermiers généraux pour l'attaquer. Elle avait eu, en mai 1703, à exprimer son opinion en matière de transit, lorsque les députés du Ponant avaient demandé au Conseil de commerce d'affranchir de tous droits les marchan- dises allant du Nord à la Méditerranée : cette franchise avait été momen- tanément accordée à cause des guerres qui fermaient au commerce, à la fin du XVIIᵉ siècle, les ports de la Manche et de l'Océan. La Chambre en refusa la prolongation : les négociants du Nord avaient par cette conces- sion de trop grands avantages sur les négociants lyonnais.

« n'eût pas plus d'avantages qu'une ville ordinaire qui n'a
« pas été capable de conserver les siennes dans le temps où
« les négociants avaient à peine de concurrence; qu'il ne serait
« pas possible d'ordonner à perpétuité le rétablissement des
« anciennes foires de Champagne puisqu'elles n'ont jamais été
« supprimées, mais transportées à Lyon avec tant de précau-
« tion et de connaissance de cause; enfin qu'il faut que les
« marchands de Lyon renoncent à tout commerce si les
« Troyens sont écoutés favorablement une seconde fois. »

Les Troyens ayant obtenu une prolongation de neuf ans,
elle revient à la charge et écrit, le 10 février 1716 : « Quoique
« les principes généraux du commerce tendent à l'affranchis-
« ment des droits de sortie pour faciliter l'évacuation des
« manufactures du royaume, il ne s'ensuit pas qu'il convienne
« de multiplier les privilèges et de changer l'ordre établi depuis
« plusieurs siècles. Vous pouvez bien avancer que les Troyens
« ont abusé de leurs privilèges sans que néanmoins nous puis-
« sions vous en fournir les preuves. Mais nous avons deux
« raisons particulières à notre ville. La première, que les
« anciennes foires de Brie et de Champagne, dont celle de
« Troyes faisait sans doute partie, ayant été transférées à
« Lyon depuis quatre siècles par des considérations impor-
« tantes pour tout le royaume, on ne peut plus les rétablir en
« Champagne après un changement si autorisé et si bien
« fondé. La seconde, que les manufactures n'en tirent aucun
« avantage, parceque, si les Troyens ne jouissaient pas
« de ce privilège, ils seraient obligés d'emprunter celui de
« nos foires comme autrefois, et on conserverait l'ancienne
« grandeur du commerce de la seconde ville du royaume, qui
« mérite plus d'attention que celle de Troyes par les grands
« secours qu'elle produit à l'État. Vous voyez donc, Monsieur,
« que nous sommes fondés en titres et que, si l'affaire était
« jugée dans les règles ordinaires, MM. les Prévôt des mar-

« chands et échevins seraient bien fondés à soutenir que
« les foires de Troyes n'ont été accordées qu'aux dépens de
« nos privilèges. »

S'agit-il de Beaucaire ? Elle témoigne la même jalousie hos-
tile. Elle engage, en 1703, M. Anisson à ne pas appuyer une
réclamation que faisait le consulat de Beaucaire à propos de
droits injustement perçus par les fermiers sur des marchandises sortant de la foire de Beaucaire (1), et elle déclare que
la foire de Beaucaire a été funeste à Lyon en aidant au
développement du commerce de Montpellier.

Cependant elle revient, avec le temps, à une plus juste
appréciation des avantages que les négociants lyonnais trouvent à Beaucaire, et, en 1756, la même réclamation du Consulat de Beaucaire ayant surgi, la Chambre lui donna son
appui, déclarant qu'elle est bien fondée et que le principe
des foires est que la franchise des marchandises à la sortie
soit complète. Il est dit dans ce mémoire qu'en 1755 les
ventes des marchandises faites à la foire Sainte-Madeleine à
Beaucaire s'étaient élevées à 15,689,000 livres.

Il faut bien noter que, de leur côté, le Consulat de Lyon et la
Chambre de commerce ne cessaient pas d'être en lutte avec
les fermiers pour repousser leurs empiètements sur les exemptions et les privilèges accordés à Lyon.

Tantôt ce sont des bureaux établis dans le Forez, malgré la
défense de la loi, afin de percevoir en dehors de Lyon les droits

---

(1) Lettre à M. Anisson du 18 mai 1703. Il s'agissait des droits de
réappréciation établis en 1581 et 1632 : les fermiers déclaraient les marchandises exemptées du droit de foraine établi en 1542, mais non de ces
surtaxes mises postérieurement.

Ce n'est pas que la Chambre abandonnât les intérêts des commerçants
de Lyon ; elle luttait dans le même temps contre la prétention des fermiers
de faire payer un droit de douane de 2 1/2 % à leur rentrée à Lyon sur
les marchandises qui avaient été envoyées à la foire de Beaucaire et en
revenaient invendues. Un arrêt du 5 juillet 1729 lui donna raison sur ce
point contre les fermiers généraux.

de la douane et priver les fermiers particuliers de la municipalité du produit des surtaxes locales annexées à la douane et
payables à l'entrée dans la ville (1); ou encore le bureau établi
à Bourg pour essayer de percevoir le droit de la douane de
Valence sur les marchandises allant en Franche-Comté ou en
revenant, bien que la douane de Valence ne soit due que pour
le passage dans le Dauphiné (2).

Tantôt ce sont des taxes nouvelles que les traitants vou-
draient faire accepter. A Orléans, ils demandent un sol par
livre sur toutes les marchandises qui passent par Orléans,
puis veulent étendre à ces marchandises la taxe personnelle
aux habitants de la ville et consentie par eux pour racheter
la capitation (3), enfin ils imposent l'obligation de présenter
deux lettres de voiture passées devant notaire (4), obligation
à laquelle les Lyonnais ne veulent pas se soumettre parce
qu'ils sont dispensés de tout timbre depuis que le Consulat
a racheté cet impôt du papier timbré en 1707. En 1751, ils
déclarent que, sur un colis composé de marchandises diver-
sement taxées, les droits seront pris, non pas à raison de la
taxe mise sur chaque marchandise, mais à raison de la taxe
la plus élevée, laquelle s'étend ainsi au colis tout entier (5).

(1) Lettre à **M.** Anisson, du 6 novembre 1703.
(2) 14 février 1705. De même qu'ils avaient conservé le bureau de Montluel, pour prendre le droit de la douane de Valence sur les marchandises
allant ou revenant de Genève, après en avoir obtenu l'établissement mo-
mentané, les fermiers s'imaginaient qu'ils pourraient faire accepter le bureau de Bourg, comptant sur la crainte des procès et la force de l'habitude.
(3) Lettre à M. Anisson, 22 mai 1706.
(4) 11 septembre 1717. Les marchandises passaient à Orléans soit en
descendant, soit en remontant la Loire : ce fleuve mettait en communication Lyon avec l'Ouest, Angers, Saumur, Nantes, et avec le Nord, Paris,
la Normandie, etc.
(5) 15 juillet 1751. Les merciers se plaignent que les colis renfermant
des merceries et de la quincaillerie de cuivre soient taxés comme s'ils ne
contenaient que de la mercerie : la quincaillerie de cuivre aurait dû être
taxée séparément.

En 1759, à Valence, ils évaluent et taxent arbitrairement les marchandises qui ne se trouvent pas stipulées en détail dans le tarif et qui étaient taxées auparavant par assimilation (2).

Mentionnons enfin cette taxe de quatre sols par livre à laquelle nous avons déjà fait allusion, et que les fermiers géné·raux essayèrent en 1746 de percevoir sur toutes les marchandises étrangères entrant à la douane de Lyon.

Cette taxe additionelle, mise en 1705 sur toutes les marchandises importées en France, avait été supprimée pour les Hollandais par le traité de la Haye du 4 janvier 1717, puis, comme conséquence, pour les négociants français par arrêt du 16 mai 1718. A cette époque les fermiers avaient voulu la maintenir sur les marchandises passant à la douane de Lyon, prétendant que le droit de la douane de Lyon n'était pas un droit d'entrée, et que les édits de 1717 et 1718 dispensaient de la surtaxe de quatre sols par livre les seuls droits d'entrée dans le royaume. Un arrêt du 17 janvier 1719 avait condamné les fermiers et affirmé l'assimilation de la douane de Lyon à un bureau d'entrée dans le royaume.

En 1746 le privilège fut ôté aux Hollandais ; alors les fermiers exigèrent des marchands français le paiement à nouveau des quatre sols par livre, comme avant 1718, soutenant que le retrait de la concession pour les Hollandais

(2) 14 septembre 1759. A la douane de Valence le fermier veut faire payer 3 % *ad valorem* sur les objets d'orfévrerie, de bijouterie, etc., parce qu'ils n'étaient pas stipulés en détail dans le tarif. Or, depuis 1659, époque de la confection du dernier tarif, on avait toujours trouvé moyen de placer, par assimilation, toutes les marchandises dans les dix-sept classes du tarif. Les bois seulement étaient taxés *ad valorem*. « Cette « innovation, dit la Chambre de commerce, tend à changer la nature et « l'essence d'une douane qui n'a été établie et prorogée que comme un « péage, auquel toute espèce de marchandise est soumise à tant le quintal, « suivant sa classe, pour en faire une douane arbitraire, sujette à mille « discussions, et par conséquent destructive de la circulation du com- « merce et de son agrandissement. »

s'appliquait comme conséquence à tous ceux qui en avaient bénéficié comme les Hollandais. Les négociants lyonnais firent opposition en ce qui les concernait, s'appuyant sur ce qu'ils avaient eu un arrêt spécial en 1719 pour la douane de Lyon ; que pour eux la dispense du droit n'était pas basée uniquement sur la faveur faite en 1717 aux Hollandais ; que le dégrèvement était une compensation de tant d'autres droits auxquels ils sont seuls soumis et que le dégrèvement devrait être maintenu. « Votre ville de Lyon, Sire, est située, dans un « pays peu fertile. Le commerce seul la peut faire subsister. « Les ports de mer ont un avantage que, quand un genre de « commerce n'est pas favorable dans une partie du monde à « leurs habitants, ils peuvent se rejeter sur un autre ; le com- « merce des villes de l'intérieur, plus borné, tel qu'est celui « de Lyon, ne trouve ses ressources que dans la faveur d'une « heureuse situation. Mais lorsque cette faveur est absorbée « par l'immensité des droits, cette ville est évitée avec grand « soin. Son commerce est ruiné. » Ce langage du Consulat était vivement appuyé par la Chambre de commerce à raison des intérêts engagés : ce fut un gros procès (1).

N'était-il pas naturel que les fermiers généraux admissent difficilement lex exemptions réclamées par le commerce lyon-nais ? ne devaient-ils pas s'efforcer de retirer de leur ferme le plus gros revenu possible.

Ils contestent que les Lyonnais soient dans tous les cas autorisés à payer seulement le quart des droits d'entrée pour les marchandises étrangères ; suivant eux, cela n'a été accordé que pour les marchandises consommées à Lyon (2).

---

(1) Mémoires des 22 mars 1749, 18 mars 1750, 15 juillet 1751.

(2) 9 février 1715. Plaintes des toiliers.

A leur tour les drapiers se plaignent pour les camelots de Lille, sur lesquels les fermiers voulaient le droit entier et non le quart du droit de 1708 moindre que le droit de 1664, camelots considérés comme mar-

Ils s'efforcent de faire prévaloir le principe que la franchise des droits de sortie, accordée aux marchandises qui sont expédiées de Lyon en temps de foires, ne s'applique pas à certains droits domaniaux ; et que les droits locaux tels que la coutume de Bayonne (1), la foraine d'Arzac (2), la comptablie de Bordeaux (3), la traite d'Anjou (4), n'ont pas été visés par les arrêts établissant la franchise des foires de Lyon.

chandises étrangères ; et pour les callemandes de Flandre surchargées depuis 1714 d'ailleurs indûment par les fermiers. Lettre à M. Palerne, 5 septembre 1729. Mémoire du 14 février 1730.

Les merciers se plaignent, le 15 février 1751, pour les merceries et quincailleries venant de l'étranger : on prend à la douane de Lyon le droit entier au lieu du quart.

Ce privilège excitait naturellement la jalousie des autres négociants du royaume : les négociants de Paris, le 6 février 1752, appuyés par les fermiers généraux, demandent que les Lyonnais cessent d'avoir le privilège de payer 10 sols, tandis qu'ils payent 40 sols pour droit d'entrée sur les toiles vendues à Lorient par la Compagnie des Indes.

(1) Lettre à M. Anisson du 15 juillet 1706. Mémoire du 6 novembre 1706. Les fermiers disent que la coutume de Bayonne appartient moitié au roi et moitié au duc de Grammont, ils veulent percevoir ce droit aux bureaux de Dax et de Bayonne sur des marchandises allant en Espagne.

(2) 6 novembre 1706, 26 mars 1707. Lettre à M. Anisson du 29 mars 1707. Les fermiers voulaient prendre la foraine d'Arzac, comme la foraine du Languedoc, au bureau de Milet, sur les marchandises allant à Bayonne. La Chambre de commerce observe que l'on a pu prendre à Milet la foraine du Languedoc sur des marchandises devant passer par Toulouse ; mais qu'il s'agit de la route de Limoges. Les fermiers furent condamnés le 24 mai 1707.

(3) 23 avril 1735. Lettres à M. Palerne, 25 janvier 1736, et avril 1736. Mémoire du 14 septembre 1754. La Chambre de commerce reconnaît que ce droit est un droit local et que les privilèges des foires n'exemptent pas des droits locaux ; mais elle croit pouvoir soutenir que sous Henri II il a changé de nature, ayant été réuni aux fermes du roi en 1548. Les fermiers généraux eurent gain de cause. Il s'agissait de marchandises expédiées en Portugal.

(4) 3 mars 1742. Ce droit était exigé au bureau de Torfou, près Nantes. Comme dans toutes les questions relatives aux taxes des douanes et aux privilèges des foires, il y eut d'énormes mémoires produits. Les députés du commerce se prononcèrent, appuyant la Chambre de commerce, con-

Ils prétendent que les marchandises seules, et non les denrées, jouissent des franchises des foires, et ils veulent percevoir des droits sur les vins (1). Enfin, ils profitent de toute équivoque, de tout arrêt prononcé momentanément en leur faveur, pour exiger des droits de sortie sur les marchandises lyonnaises (2).

Il semble pourtant que les stipulations du bail, consenti aux fermiers en 1687, et nommé bail Domergue, stipulations auxquelles revient constamment la Chambre de commerce, étaient bien claires, et déterminaient parfaitement la position :

« Art. 234. Les marchandises et denrées qui sortiront de « la ville de Lyon pour être transportées dans les provinces « sujettes au tarif de 1664 seront exemptes des droits d'entrée « du même tarif, à la charge par les marchands conduc- « teurs de rapporter le certificat d'expédition de la ville de « Lyon.

« Art. 235. Celles qui sortiront de la même ville durant « les foires pour être transportées hors des provinces sujettes « au tarif de 1664 seront exemptes des droits de sortie du « même tarif, pourvu qu'elles sortent avant la tenue de la « foire prochaine, et à la charge par le conducteur de rap- « porter des acquits de franchise des commis préposés par « l'Hôtel-de-Ville de Lyon, contrôlés par les commis de « l'adjudication, et visés par ceux des portes, sans préjudice

tre les fermiers, disant que la traite d'Anjou, comme le trépas de Loire, frappaient les marchandises sortant de l'Anjou pour aller en Bretagne, mais non les marchandises traversant l'Anjou pour aller en Bretagne.

(5) 20 juin 1705.

(6) 19 février 1752. Gros mémoire contre les fermiers à propos des droits indûment perçus aux bureaux de Collonges et de Seyssel, au mépris des acquits de franchise pour marchandises sortant en temps de foire, et des acquits de demi-droit pour les marchandises sortant hors le temps des foires.

« néanmoins de la traite domaniale pour celles qui y sont
« sujettes, si elles sont transportées dans les pays étrangers
« ou dans les provinces réputées étrangères.

« Les conducteurs, qui sortiront de la même ville après le
« temps de foire pour transporter pareillement des mar-
« chandises hors l'étendue des provinces sujettes au tarif
« de 1664, ne payeront que la moitié du droit de sortie,
« même les Suisses et les marchands des villes impériales,
« dans la quinzaine après les temps de foire. Le tout, en
« justifiant de l'acquit des droits forains engagés à la ville de
« Lyon (1). »

Les marchandises sur lesquelles les droits avaient été diminués par des arrêts postérieurs au tarif de 1664 ne cessaient
pas de jouir du privilège des foires de Lyon, cela va de soi,
puisque cette modération n'avait pour objet que de faciliter
leur exportation hors du royaume (2).

Mais n'est-il pas toujours facile de soulever une contes-
tion, et la tentation n'est-elle pas bien forte lorsqu'il y a un
bénéfice à retirer et pas de perte à redouter ?

Les privilèges des foires de Lyon ne furent pas seuls atta-
qués : ceux du tribunal de la Conservation soulevèrent plus
d'une compétition (3).

La juridiction de la Conservation avait été réunie au corps
consulaire, en mai 1655 (4). Depuis cette époque la justice y
avait été rendue gratuitement, et, à cause de cette gratuité, la
Conservation avait été, pendant le XVIIe siècle, exemptée des

----

(1) Mémoire du 19 février 1752.

(2) Lettre adressée le 27 janvier 1752 à M. Adine, directeur à Paris,
au nom de la Compagnie des fermiers généraux.

(3) A Lyon celle de la sénéchaussée fut très vive.

(4) La ville avait acheté en 1654 l'office du juge conservateur, président,
130,000 livres ; l'office du lieutenant 63,000 livres ; l'office du greffier
42,000 livres, et avait donné 6,000 livres à chacun des deux avocats du
Roi, lesquels étaient les mêmes déjà établis auprès du Présidial.

offices de commissaires et des impositions mises sur les greffes ;
la Chambre de commerce eut à défendre cette immunité (1)
contre les fermiers du contrôle qui avaient obtenu, en 1703,
que les actes entre marchands, pour lesquels il y aurait des
sentences de condamnation, prononcées devant n'importe
qu'elle juridiction, seraient contrôlés et paieraient des droits,
excepté cependant les billets et lettres de change (2).

En 1742 les juges consuls des autres villes du royaume
trouvent exorbitante la faculté qu'a la Conservation de prononcer la contrainte par corps en tout temps. « Le juge
« conservateur, répond la Chambre de commerce, n'est pas
« du nombre de ces juges de foires qui ne connaissent que des
« bruits du marché, suivant l'expression de la coutume de
« Normandie, et dont la juridiction finit avec la foire (3). Il
« y a eu véritablement des juges consuls (4) établis dans les

(1) 19 mai 1703. Déjà en 1630 le greffier de la Conservation avait été
déclaré exempt et déchargé du droit de contrôle sur les arrêts dont il
donnait expédition. « A Lyon, observe la Chambre de commerce, la plus
« grande partie des négociations se font sans autre titre que la bonne foi.
« Les Lyonnais achètent et vendent leurs marchandises sans stipuler
« pour l'ordinaire aucun acte de main privée ; et, quand la mauvaise foi
« d'un débiteur les contraint à recourir en justice, ils se servent d'un
« simple compte, d'une facture signée, de quelque lettre de vente. Les
« promesses, valeur en marchandise, ne sont d'aucun usage entre les
« négociants de la ville ; elles ne sont exigées que des marchands forains
« qui viennent, pendant les foires, faire quelques emplettes de peu de
« conséquence. »
(2) Le 17 mai 1777. La Chambre eut encore à adresser un mémoire
au contrôleur général contre la prétention du fermier du domaine d'as-
sujétir aux sols pour livre les droits du greffe de la Conservation.
(3) 4 août 1742.
(4) « Le tribunal de la Conservation de Lyon, plus ancien d'un siècle
« que la création des juridictions consulaires, dont la première a été
« celle de Paris en 1563, a été érigé en titre royal de judicature sur la
« tête d'un juge conservateur des privilèges des foires par les lettres pa-
« tentes de Louis XI, du mois de mars 1462, confirmées par édit de
« François Ier, du mois de février 1535. » Mémoire de la Chambre de
commerce en faveur du tribunal de la Conservation, en date du 12 avril
1777.

« autres villes, avec quelque rapport aux juges conservateurs,
« mais ceux-ci ont toujours été maintenus avec des attribu-
« tions bien différentes et d'une plus grande étendue. Et il
« faut convenir qu'il n'y eut jamais de juridiction plus au-
« thentiquement ni plus utilement établie que celle du juge
« conservateur, laquelle est d'une plus grande considération
« que celle des juges consuls de Paris, parceque, comme la
« place de Lyon est la seule où il y ait foire d'argent et que
« tous les régnicoles et étrangers y concourent pour négocier
« sous les privilèges des foires, ils sont tous obligés de la re-
« connaître ; et dès le commencement du dit établissement
« ils s'y sont soumis volontairement ; elle est conséquemment
« de plus grande étendue que celle des juges consuls de Paris.
« Outre que les juges conservateurs ont tout ce qui appar-
« tient aux juges consuls, ils ont de plus la juridiction crimi-
« nelles pour faits de négoce, circonstances et dépendances ;
« toutes les faillites sont de leur compétence ; ils procèdent aux
« inventaires et aux décrets de biens meubles et immeubles ;
« ils ont, en un mot, toutes les attributions des juges royaux ;
« et ils connaissent encore des faits de toute sorte de voi-
« tures. »

L'appel des jugements de la Conservation doit être porté
devant le Parlement de Paris, quel que soit le domicile des
parties. Ces jugements sont exécutoires par corps, dans tout
le royaume (1), sans *visa* ni *pareatis*, même dans les pays
étrangers, et ce, nonobstant appel.

En 1759, le Parlement de Paris cassa un jugement rendu
par la Conservation contre un Lyonnais, nommé Dalpujet,
qui n'avait pas payé une lettre de change, et qui, en vertu de

----

(1) Il y eut en 1777 et 1781 quelques difficultés pour l'exécution des
jugements de la Conservation en Dauphiné : elles venaient de ce que
l'édit de 1669, constitutif des privilèges de la Conservation, n'avait pas été
enregistré au Parlement de Grenoble. Voir mémoire 17 juillet 1786.

ce jugement, avait été arrêté à Paris et enfermé au Petit-Châtelet. Le Parlement déclara qu'il avait été mal jugé parce qu'il s'agissait d'une matière commerciale ordinaire de la compétence des juges consuls et que la Conservation avait prononcé comme juge des foires (1). La Chambre de commerce intervient (2); c'était, suivant elle, porter atteinte aux privilèges de la Conservation. « Lorsque, en 1655, la juridiction de cette « Conservation fut acquise par les Prévôt des marchands et « échevins et réunie au corps consulaire, l'édit de réunion « fut enregistré au Parlement le 25 juin 1655 sans qu'il y fut « fait mention de la distinction des deux juridictions.

« Le commerce à Lyon n'ayant pour objet que les foires qui « y sont établies, les négociants de Lyon ne commerçant que « sous le privilège de ces foires, les opérations de commerce « qui se font à Lyon sont toutes relatives au commerce des foi- « res, et il est impossible d'introduire dans les jugements la « distinction des juges conservateurs et des juges consuls, « parce qu'il est impossible de séparer tout ce qui a trait au « commerce de Lyon et ce qui est relatif au commerce des foires. »

L'édit rendu par Louis XIV en 1669, édit qui règle la compétence de la juridiction de la Conservation, après sa réunion au Consulat, n'a-t-il pas reconnu cette distinction comme inutile en attribuant aux officiers de la Conservation la connaissance générale « de tous procès mûs et à mouvoir pour le

---

(1) Arrêt du 9 mai 1759.

(2) 16 juin 1759. Voir antérieurement un mémoire de décembre 1755, où déjà la Chambre de commerce et le Syndic de la place de change exposent les privilèges accordés à la Conservation, soit en ce qui concerne la contrainte par corps, soit en ce qui concerne les matières commerciales hors le temps de foires. Pernon, le député du commerce, écrit qu'il a communiqué ce mémoire à M. Trudaine, au maréchal de Villeroy ; et visité les membres du Bureau du commerce qui vont s'occuper de cette grave affaire.

« fait du négoce et commerce de marchands, circonstances et
« dépendances, soit en temps de foire ou hors de foire, en
« matières civiles ou criminelles, de toutes négociations faites
« pour raison desdites foires et marchandises, de toutes
« sociétés, commissions, trocs, changes, rechanges, virements
« de partie, promesses, obligations, lettres de change et toutes
« autres affaires entre marchands et négociants en gros ou
« détail, manufacturiers de choses servant au négoce ou
« autres, de quelque qualité ou condition qu'ils soient, pourvu
« que l'une des deux parties soit marchand ou négociant, ou
« que ce soit pour fait de négoce, marchandise et manufac-
« ture (1). »

La Chambre de commerce est donc partout et toujours sur
la brèche, prenant avec ardeur la défense des privilèges du
commerce lyonnais. Cependant elle reconnaît tous les inconvénients du monopole dès qu'il s'agit d'autrui.

IV

Un sieur Lagardette obtient, par lettres patentes du 6 juillet 1702, le privilège à perpétuité de transport sur la Loire,
entre Saint-Rambert et Roanne, à condition de rendre le
fleuve navigable ; il est fortement appuyé par les habitants
du Forez. La Chambre de commerce prend parti contre lui,
fait entendre de vives doléances (2), montre Saint-Étienne et

---

(1) L'édit fut enregistré au Parlement le 13 août 1669. La Chambre revient longuement et insiste sur les attributions du tribunal de la Conservation dans le mémoire déjà cité, du 12 août 1777 : un édit du mois de
novembre 1774 avait augmenté l'attribution des jugements présidiaux en
dernier ressort à la somme de deux mille livres ; la Chambre sollicite une
augmentation d'attributions semblable en faveur de la juridiction de la
Conservation.

(2) Décembre 1702, novembre 1703. Lagardette s'était engagé à rendre
la Loire navigable de Roanne à Saint-Rambert ou Monistrol. La taxe

Saint-Chamond devenant les entrepôts des marchandises du
Levant et recevant toutes les épiceries qui cesseront de remonter le Rhône jusqu'à Lyon ; « les foires deviendront désertes,
« et par conséquent Lyon, réduite à sa consommation, sera
« ruinée ; les droits de Sa Majesté seront considérablement
« diminués, sans parler du tort irréparable qu'on ferait à
« toutes les communautés depuis Lyon jusqu'à Roanne, pays
« peu fertile et qui peut à peine fournir de quoi vivre à ses
« habitants. Les voitures qu'ils font des marchandises étant
« le seul moyen qu'ils aient pour la subsistance de leur fa-
« mille et le payement de leur taille, ils en seront entièrement
« privés si les marchandises venant des ports du Rhône sont
« débarquées à Saint-Pierre-de-Bœuf, Chavanay ou Con-
« drieu, comme l'espère Lagardette ».

Délibérant, en 1703, sur la demande faite, sous l'inspiration
du duc de la Feuillade, seigneur de Roanne, de l'établissement d'un magasin général à Roanne, avec privilège pour
les transports, la Chambre déclare qu'elle doit être repoussée,
profite de l'occasion pour insister sur les inconvénients de
tout monopole ; avec un seul entrepreneur, on verra les prix
augmenter et on perdra le bénéfice de l'émulation qui existe
entre les commissionnaires (1).

Elle revient, en 1716, sur le préjudice que causerait la
concession du privilège des transports entre Roanne et
Lyon (2) : « Ce serait la ruine d'une infinité de rouliers qui

d'abord fixée à 15 livres par voie de charbon fut, par arrêt du 21 mai 1746,
abaissée à 40 livres par bateaux. soit 4 liv. 14 s. par voie de charbon,
car le bateau renferme huit voies et demie. La moyenne du nombre des
bateaux, d'abord de 770, s'élève à 1,100 puis à 1,350, vers l'année 1780.
Lagardette conserva son privilège jusqu'à la Révolution.

(1) Mai 1703.

(2) 29 février 1716. Il se faisait un gros trafic entre Lyon et Roanne
où venaient s'embarquer les marchandises destinées aux provinces du
centre de la France, surtout les grosses marchandises comme savons,
huiles, soudes, etc.

« n'ont d'autres ressources que dans les voitures ; ce serait
« un préjudice aux laboureurs, qui, lorsque les travaux de la
« campagne ont cessé, employent leurs bœufs et leurs che-
« vaux à des charrois (1) ; le commerce a besoin de tous ces
« petits voituriers, qui se font concurrence et procurent les
« transports à bon marché ; il faut qu'il y ait émulation pour
« qu'on soit bien servi (2) ; il est impossible qu'une Compa-
« gnie s'organise pour satisfaire à l'énorme transit qui se
« présente par moments (3). D'ailleurs, la liberté est l'âme du
« commerce, et la fixation des prix en matière de transport
« est chose odieuse (4). »

En réalité, la Chambre de commerce a peur que des fermiers, trop puissants, ne deviennent maîtres du marché des

(1) Exemple : les bouviers de l'Arbresle et villages circonvoisins viennent
charger les vins à Pierre-Bénite ; d'autres les mènent de l'Arbresle à
Tarare ; ceux de Tarare et des environs passent la montagne et mènent
les colis à Saint-Symphorien ; de nouvelles voitures font le service entre
Saint-Symphorien et Roanne. Il y avait tous les jours sur la route de
Givors plus de sept cents mulets occupés à charrier le charbon de Saint
Étienne. Mémoire du 22 décembre 1757.

(2) 14 septembre 1709. Mémoire contre le privilège des transports de
Lyon à Genève. Voir le mémoire contre la concession demandée du
transport de toutes les marchandises qui transiteraient, 20 mai 1713. Ce
projet est repris en 1781 ; la concession est accordée : la Chambre fait
une violente protestation à cause du tort qui peut en résulter pour son
entrepôt de douane.

(3) 30 janvier 1706. Opposition à une Compagnie qui voulait le monopole des transports sur le Rhône : le trafic des huiles représente 80,000
quintaux ; celui des vins, 3,000 pièces. Plus de cent barques arrivent à
Beaucaire en temps de foires, etc., etc. Voir aussi lettre à M. Anisson,
12 janvier 1706.

(4) Le 3 mars 1731 la Chambre proteste contre la concession faite le
30 mai 1730 au fermier des postes et messageries de l'exploitation des
voitures entre Lyon et Rome avec privilège du transport de tous les
colis du poids de 50 livres et au-dessous.

Le 19 mai 1775 elle se prononça contre le privilège pour le transport de
toutes les marchandises expédiées de Marseille par terre pour l'intérieur
du royaume, privilège auquel les députés du commerce se montraient
favorables.

transports et n'imposent au commerce une loi trop dure, et c'est pour cela qu'elle se fait la protectrice des voituriers contre les fermiers des coches et diligences qui s'efforcent partout de ruiner leurs petits concurrents (1).

Elle demande le retour au règlement de 1678 inexécuté, réglement cependant solennel et établi après une enquête minutieuse ; et elle ajoute : « La liberté publique du roulage « par les rouliers et voituriers est aussi ancienne que le com- « merce ; elle est d'une extrême importance à l'État, au « négoce, au public, par l'abondance qu'elle produit dans le « royaume, le bon marché des munitions de bouche et de « guerre, des marchandises, denrées, etc., le règlement « de 1678 a eu pour but de réprimer l'avidité des fermiers « des messageries, des maîtres des coches et carosses ; l'arti- « cle 14 réserve expressément que les marchands négociants « et tous autres pourront faire transporter les denrées, mar- « chandises et autres choses à eux appartenant par des che- « vaux, charrettes et autres voitures. » Cela ne l'empêche pas, quand le commerce souffre de l'insuffisance du service sur certaines routes, comme celles entre Lyon et Bordeaux, Lyon et Limoges, d'en solliciter la modification (2).

Dans toutes ses délibérations on voit que la Chambre de commerce n'a qu'un objectif : l'intérêt lyonnais. Si la question posée lui est indifférente, par exemple celle d'établir des coches sur la Loire et l'Allier (3), ou de creuser un

---

(1) La lutte est très vive en 1703. Voir mémoires des 9 juin, 28 août, 15 décembre.

(2) 19 août 1741. Il n'y avait ni voitures, ni charrettes sur cette route. Le commerce de Saint-Étienne avec Bordeaux était important. Dans un mémoire daté de 1780 et qui donne de très grands et très intéressants détails sur Saint-Étienne, il est dit que les marchandises étaient portées à dos de mulet de Saint-Étienne à Bergerac ; que la route des frontières d'Auvergne à Aubusson est assez bonne ; que la route d'Aubusson à Limoges est affreuse, etc.

(3) 15 mars et 21 juin 1738. Elle était sollicitée par les Orléanais pour

canal de Beaucaire à Cette (1), elle ne prend parti ni pour ni contre.

Mais qu'on la consulte sur les lettres patentes données en 1729 aux entrepreneurs du canal de navigation en Bourgogne, depuis Saint-Jean-de-Losne jusqu'à Brivon-Larchevêque d'une part, et de Saint-Jean-de-Losne à Dôle d'autre part, et elle déclarera : « Que tout ce qui peut augmenter le commerce est « également avantageux à l'Etat et aux sujets du Roi ; que « dans le nombre des moyens qui peuvent y concourir, celui « de rendre les rivières navigables et de faciliter les commu- « nications des unes aux autres pour le transport des mar- « chandises et denrées, a toujours paru l'un des plus solides « et qui méritât le plus de protection ; que le canal de Bour- « gogne donnera une nouvelle décoration à la France, pro- « curera de grands avantages à l'Etat en ouvrant une nouvelle « communication de l'Océan à la Méditerranée par le Centre ; « qu'on ne saurait donc trop louer le courage et le zèle de « l'entrepreneur. » Elle prévoit que la Franche-Comté sera ouverte aux Lyonnais, et que Lyon prendra une grande partie du commerce qui se dirigeait vers Paris (2).

Quelques années plus tard (3) il est question d'ouvrir un canal entre Bouc et Tarascon ; les avantages que peut procurer ce canal, en abrégeant de moitié le trajet entre Marseille et Lyon, décident la Chambre de commerce à vivement appuyer cette entreprise.

---

se prononcer contre cette entreprise qui avait été concédée aux entrepreneurs du canal de Briare ; au début, 4 mai 1737, elle s'était montrée favorable à cette opération.

(1) 21 mai 1739. Les habitants de la ville d'Arles demandaient aux Lyonnais de se joindre à leurs protestations contre ce canal de Beaucaire à Cette.

(2) 21 juin 1738.

(3) 17 mars 1749. Ce canal avait pour but d'éviter la branche du Rhône, appelée canal de Losne, menant de la mer à Arles, qui s'ensablait facilement et offrait, à cause de cela, une passe périlleuse et incertaine.

Lorsque l'intendant lui demande, en 1756, d'examiner le projet du sieur Zacharie, d'ouvrir un canal de Givors sur le Rhône à Bothéon sur la Loire, malgré l'opposition partielle que ce projet rencontre même dans la Chambre de commerce, un vote favorable est émis en raison du bon marché qui en résultera pour les transports, surtout pour les approvisionnements des charbons de terre, si nécessaires à toutes les fabriques et à tous les ordres de citoyens (1).

Citons enfin le vif éloge que la Chambre accorde au projet d'un canal du Rhône au Rhin, présenté en 1778 par M. de la Chiche, du corps royal du génie, et ses avis favorables à la création d'une route directe de Lyon à Besançon et à Strasbourg (2).

L'explosion de tant de projets témoigne du besoin que le commerce éprouve d'avoir des communications faciles, de la souffrance des provinces mal partagées au point de vue des routes et des transports, enfin, de l'impatience que l'on a partout des liens et des obstacles qui entravent les transactions.

On est moins empressé d'admettre les machines nouvelles et d'accepter les modifications des procédés industriels; l'hésitation que la Chambre manifesta en 1751 devant les machines de Vaucanson pour la soie, que patronne M. de Trudaine et avec lesquelles il demande qu'on construise une fabrique modèle, vient du même sentiment qui a fait repous-

---

(1) 22 décembre 1756. « Le prix moyen du charbon, dit la Chambre de « commerce, roule aux environs de 25 sols la benne, et le peuple, qui « n'est pas en état de faire des provisions, paye très souvent 30 sols : « l'entrepreneur offre de donner la soumission pour fournir sur le pied « de 15 sols. » Le mémoire des opposants est inséré à la date du 22 janvier 1757 : il parle des difficultés d'exécution de ce canal avec 144 écluses, de la dépense, des interruptions prolongées et inévitables de navigation, de l'impossibilité de remonter la Loire de Bothéon à Roanne ; de l'incertitude du prix des charbons à cause de la rareté des mineurs, etc.

(2) 12 février 1767 et 16 septembre 1775.

ser le rouet, lorsqu'on proposa, en 1732, de l'introduire dans le Beaujolais, pour remplacer le fuseau et la quenouille (1).

Mais pour les rouages du commerce, s'il nous est permis de nous servir de cette expression, plus les transactions se multiplient, plus on sent la nécessité de les renouveler et de les améliorer. Toutes les fois que des changements ont été apportés dans la composition du Conseil du commerce (2), toutes les fois qu'il a été question de remanier le tarif, les plaintes ont été unanimes contre les douanes intérieures. Aussi dans le dernier tarif du XVIIIe siècle est-il proposé : « 1° Que tous les droits quelconques sur les marchandises ou « denrées, lors de leur circulation et passage d'une province « à l'autre, sans aucune distinction d'icelles, seront et « demeureront supprimés ; 2° que les droits d'entrée et de « sortie qui se perçoivent en vertu des différents tarifs en « usage dans les provinces des cinq grosses fermes, dans « les provinces réputées étrangères, et dans celles réputées « à l'instar de l'étranger effectif, seront remplacés par un « tarif uniforme qui sera exécuté à toutes les entrées et « sorties du royaume (3). » Et la Chambre de commerce applaudit.

(1) 6 décembre 1732, 9 janvier 1734. La Chambre de commerce estime qu'il serait désirable qu'on fasse usage du rouet, à cause de la promptitude et de la perfection du travail ; mais qu'il sera difficile d'y assujettir les habitants du Beaujolais parce qu'ils sont accoutumés de filer à la quenouille et au fuseau qu'ils portent avec eux, et ne changeraient pas aisément cet usage et pourraient même se dégoûter de filer, ce qui détruirait insensiblement la manufacture de toiles et futaines en Beaujolais, qui est fort considérable.

(2) Par exemple en 1716, en 1722, en 1730.

(3) Projet du tarif qui doit être proposé à l'Assemblée des notables et sur lequel la Chambre est appelée à donner son avis. On estimait que les douanes intérieures surchargeaient de 10 à 15 % le prix des marchandises. En 1781 les députés du commerce, faisant des représentations au sujet de l'arrêt du 9 août 1781, qui avait accordé aux messageries le monopole du transport des marchandises transitant dans le royaume, insistaient sur

Tout en applaudissant, elle n'admet pas qu'on ne maintienne pas à Lyon l'exonération de ce droit unique de 1/4 %, proposé à la sortie, droit qui représenterait sur les étoffes de soie 12 livres 10 sous par quintal.

« Le droit de sortie serait absolument contraire aux pri-
« vilèges de la ville et ferait un grand tort à nos fabriques.
« Lyon jouit de temps immémorial du double privilège de ne
« payer aucun droit sur les marchandises qu'elle exporte en
« temps de foires, et de faire sortir en tout temps les mar-
« chandises de quelque nature qu'elle soit en ne payant
« que la moitié des droits de sortie du royaume. Ces privi-
« lèges sont en partie cause de la prospérité du commerce de
« notre ville; si Lyon les perd, il n'est pas possible qu'elle
« conserve son commerce de transit. Il est donc essentiel que
« dans le régime futur Lyon conserve les mêmes privilèges.
« Pourquoi, dirait-on, peut-être, conserver ces privilèges à la
« ville de Lyon de préférence au reste du royaume ? Lyon
« doit des sommes considérables ; cette dette a pris sa source
« dans les dons gratuits qu'elle a fournis à l'Etat dans des
« moments de crise. Les octrois immenses qu'elle perçoit
« suffisent à peine pour payer les intérêts de la dette, et ils
« diminueraient sensiblement par la dépopulation qu'entraî-
« nerait l'extinction de ses privilèges. La ville de Lyon, qui
« par le moyen de ses deux rivières va chercher à peu de
« frais jusqu'au sein de plusieurs provinces fort éloignées

les avantages qu'on trouverait à « adopter le plan du droit unique perçu
« à l'entrée et à la sortie du royaume ; ce moyen débarrasserait le com-
« merce des entraves qui arrètent son activité, qui embarrassent ses
« ressorts et enchaînent sa liberté. Il rendrait à l'Etat une armée de
« commis dont l'industrie pourrait être plus utilement employée qu'à
« fatiguer les redevables ». Les députés faisaient encore remarquer que
ce privilège des transports accordé par Colbert en 1665 avait été révoqué
en 1672 ; que, créé de nouveau avec des entrepôts en 1682, il avait du
ètre rejeté en 1688.

« leurs denrées, doit être considérée comme si elle était au
« centre de chacune de ces provinces qui la nourrissent ; elle
« les enrichit en leur payant leurs productions. En augmen-
« tant la population de notre ville, il en doit nécessairement
« résulter une augmentation relative de la population dans
« les provinces qui l'approvisionnent. Il est donc nécessaire,
« même pour le bien général, de conserver à Lyon ses privi-
« lèges pour la sortie de ses marchandises (1). »

On le voit, à la fin du XVIII⁰ siècle la Chambre de commerce pense comme au commencement ; à ses yeux la ville
de Lyon doit demeurer le grand entrepôt du royaume où la
France entière viendrait s'approvisionner. Elle écrit le
14 mars 1790 au député du commerce, M. Tournachon,
en lui recommandant de faire restituer à la douane de Lyon
l'entrepôt des marchandises venant de l'étranger, notamment
des marchandises du Levant et des denrées coloniales : « Cet
« entrepôt n'est pas seulement utile à notre ville mais à la
« France entière, qui voudrait s'approvisionner au centre du
« royaume de toutes les marchandises des îles et autres
« étrangères : on en paierait l'entrée au bout d'un an si on
« voulait les conserver dans le royaume, on n'en paierait
« aucun si on voulait les faire sortir en les accompagnant
« d'acquits à caution pour l'étranger, alors elles jouiraient
« de la faveur du transit qui serait sencée n'avoir pas été
« interrompue. »

Bien mal reçu serait donc celui qui lui demanderait de
renoncer aux privilèges du commerce lyonnais.

---

(1) 19 avril 1787. Rapport d'Imbert Colomès. D'autre part, il approuve
les droits d'entrée proposés, mais il trouve trop élevé le droit de sortie fixé
à 5 %, que l'on veut mettre sur les fils de lin, de coton ou de laine, sur les
modes, etc. ; et il demande le maintien du régime des acquits à caution.

Ce tarif de 1787, beaucoup plus libéral que le tarif adopté en 1791,
était étudié depuis longtemps : M. Trudaine, en 1760, sollicitait déjà des
Chambres de commerce des renseignements pour le préparer.

C'était son rôle, c'était son devoir. La Chambre de commerce le remplit vis-à-vis le commerce intermédiaire comme elle le remplissait vis-à-vis la grande manufacture des soieries.

V

Parmi les questions incidentes traitées par la Chambre de commerce (1), et qui ne pouvaient trouver place dans les chapitres précédents, nous nous arrêterons à celles qui ont trait à la législation commerciale.

Le 14 mai 1746 la Chambre de commerce se prononce sur les revendications après faillite :

« La faculté accordée aux négociants de réclamer ou reven-
« diquer, en cas de faillite, la marchandise qu'ils ont vendue,
« lorsque le prix leur en est encore dû en tout ou en partie,
« est un droit naturel autorisé par l'équité, la justice et un
« usage immémorial. La raison est que personne ne peut se
« dire véritablement propriétaire d'un objet qu'il n'en ait
« payé la valeur, le créancier conservant son droit de suite
« et de privilège jusqu'à ce qu'il ait été entièrement satis-
« fait. »

Pour obtenir la restitution de la marchandise revendiquée,

---

(1) Tarif des ports de lettres, 1er décembre 1703. Transports des aciers et des fers, 15 mars 1704. Création de la fabrication des brocatelles. 4 juin 1704. Consommation des rubans, 13 mars 1717. Droits sur les fers de fontes en gueuse, comparés à ceux des fers en bandes, novembre 1733. Charge des savons à Marseille, 21 juillet 1752. Communication à établir entre toutes les Chambres de commerce, 16 mars 1782. Projet de fonder à Lyon une manufacture de montres, août 1782. Création d'un Mont-de-Piété à Lyon, repoussée le 25 juin 1779, puis le 12 décembre 1786. Changement du local de la douane qu'il s'agit de porter quai de la Charité pour favoriser les travaux entrepris à Perrache, 27 avril 1785 et 27 février 1787, projet déjà présenté par Perrache en 1777 et repoussé par la Chambre le 25 juillet 1777.

il suffit que l'on puisse en établir l'identité par les livres, les marques, ou tout autre moyen de fait et de droit. Quand même il resterait seulement une partie de la marchandise, le vendeur peut la revendiquer à concurrence de ce qui lui est dû. La reconnaissance peut se faire contradictoirement avec les parties intéressées par des experts que le juge nomme d'office.

Mais pour que la revendication soit possible, il faut que la marchandise soit en possession du failli et n'ait pas passé en mains tierces par vente sérieuse.

Le 1ᵉʳ juillet 1747 il s'agit du timbre exigé sur deux effets de commerce. D'après la loi du 22 septembre 1722, art. 97, tous les actes faits sous seing privé sont soumis au contrôle, à l'exception des lettres de change et billets à ordre ou au porteur entre gens d'affaires, marchands ou négociants. Or, le fermier du contrôle soutenait que les deux effets étaient des mandats et non des lettres de change parce que le tireur et le tiré étaient tous deux domiciliés à Lyon et que la lettre de change doit être tirée de place en place : il avait eu gain de cause.

La Chambre de commerce trouve la condamnation injuste; fait un mémoire, qu'elle envoie en communication à toutes les autres chambres de commerce; et, après avoir reçu leurs observations, rédige une supplique qu'elle adresse au Roi. Elle y soutient que l'art. 1ᵉʳ du titre 5 de l'édit de mai 1673, définissant la lettre de change, n'exige pas qu'elle soit tirée de place en place; que l'ordonnance antérieure de 1667, art. 4 du titre 34, défend de condamner par corps en matière civile sinon en cas de lettre de change lorsqu'il y a une remise de place en place, ce qui implique la reconnaissance de deux sortes de lettres de change; « que le mandat est un écrit par « lequel un particulier donne à recevoir sur une autre per- « sonne pareille somme, ou somme moindre que celle qui lui

« est dûe, ou une délégation qu'un propriétaire fait sur ses
« fermiers ou locataires au profit d'un tiers, ou enfin une
« procuration par laquelle le mandant donne pouvoir au
« mandataire de faire pour lui telle ou telle chose ; » que
le mandat n'est pas susceptible de circulation, tandis que la
lettre de change peut, par des endossements successifs,
passer en autant de mains que le commerce l'exige.

En conséquence, elle soutient que les deux effets incriminés,
puisqu'ils sont stipulés « promesse de change » et ont été
négociés par endossement, sont de véritables lettre de change,
comme la volonté des parties l'établit, bien que le tireur et le
tiré soient tous deux domiciliés à Lyon.

Les énonciations nécessaires dans un effet de commerce
pour constituer une lettre de change donnèrent lieu à un
autre procès. Le Parlement de Paris déclare le 3 septembre
1760 qu'un effet de commerce, que le tireur stipule payable
à son ordre, est non pas une lettre de change mais un mandat ; et annule un jugement prononcé par les juges consuls
de Paris. En outre il admet l'incompétence des juges consulaires proposée par l'accepteur appelant, parce que celui-ci
n'est pas négociant, et il ordonne qu'il soit à nouveau pourvu
devant les juges ordinaires.

Grand émoi dans le commerce de Paris. Les six corps de
marchands interviennent pour présenter une requête au Roi,
en son conseil, en cassation de l'arrêt de la cour. La Chambre
de commerce de Lyon se joint à eux le 10 janvier 1761, considérant la question de principe comme très grave. Suivant elle,
le doute n'est pas possible : la stipulation « payable à mon
ordre » que le tireur a inscrite, sous-entend nécessairement la
tierce personne qui sera dénommée expressément dans
l'ordre que le tireur passe au dos de son billet ; les autres
conditions exigées par la loi de 1673 étant remplies, la lettre
de change est donc complète et les effets de commerce en

question (1) ne peuvent pas être considérés comme des mandats. D'autre part elle soutient que l'accepteur d'une pareille lettre de change ne peut réclamer contre l'engagement qu'il a souscrit, ni se soustraire à la juridiction des juges consuls chargés par la même loi, titre XII, art. 2, de connaître « entre « toutes personnes pour lettres de change ou remises d'argent « de place en place. »

Une autre question de législation commerciale est traitée par la Chambre de commerce de Lyon en 1748 ; elle est relative aux Sociétés commerciales.

Les députés du Commerce avaient demandé que le titre 4 de l'édit de 1673 qui fixe la situation des associés fût révisé, que tous les associés fussent déclarés responsables solidairement ; que les intéressés, présents ou absents, mais dénommés par l'acte, fussent considérés comme commanditaires ; qu'un extrait des actes de Société fut, après avoir été contrôlé, déposé au greffe de la juridiction consulaire.

La Chambre consultée, trouve le projet incomplet. Elle propose d'abroger le titre quatrième de l'édit de 1673 et de le remplacer par l'ordonnance suivante :

Toute Société simple, en participation, anonyme ou en commandite sera rédigée par écrit, soit par devant notaire, soit sous signature privée.

---

(1) Le sieur Le Jay, négociant en dorure à Paris, avait reçu en paiement d'un sieur Chustier, habitant Orléans, sept lettres de change, tirées par Chustier à son ordre, payables en décembre 1755, et endossées à l'ordre de Romainvillier, de Paris, qui les avait acceptées. Romainvillier ne paya pas à l'échéance. Le Jay obtint jugement contre lui et le fit emprisonner en 1757. Après deux ans de prison, Romainvillier en appela devant le Parlement, obtint d'être mis en liberté le 1er décembre 1759, et vit le Parlement admettre ses moyens de cassation : 1º la forme du billet qu'il soutenait être un mandat et non une lettre de change ; 2º l'incompétence des juges consuls par lesquels il avait été condamné. La requête au Roi eut tout le succès désiré : le Conseil donna, en juin 1761, raison aux négociants, cassa et annula l'arrêt du Parlement de Paris, enfin ordonna, en mai 1762, exécution de la sentence.

Un extrait de l'acte de Société contenant les noms et qualités des associés, la durée de la Société et les clauses qui peuvent intéresser les tiers, sera enregistré au greffe de la juridiction consulaire et, s'il y a plusieurs raisons de commerce, déposé dans chaque juridiction d'où ressort chaque succursale.

L'enregistrement de l'acte, c'est-à-dire un tableau contenant la raison de la Société, le numéro et la page du registre où l'acte à été enregistré, sera affiché.

Ces formalités devront être accomplies trois mois au plus tard après la signature de la Société sous peine pour le sociétaire de n'être pas recevable comme demandeur en aucune juridiction de première instance, et d'être condamné, s'il est défendeur, aux conclusions de la partie adverse.

Tous actes postérieurs portant changement d'associés, dissolution, etc., devront être également enregistrés et publiés.

Si l'acte de dissolution, la Société étant arrivée à terme, n'est pas enregistrée, la Société sera considérée comme continuée par tacite reconduction.

Sera déclarée frauduleuse toute Société en commandite mutuelle ; sera déclarée abusive et abrogée toute Société qui prendra la qualification *et Cie* lorsqu'il n'y aura pas d'associé anonyme.

Sera autorisée toute personne, de quelque qualité qu'elle soit, de faire commerce sans déroger pour cela. Celui qui voudra faire commerce sous un autre nom que le sien devra déclarer au greffe son vrai nom et le nom supposé.

Les contrats peuvent être passés sur papier libre, mais le greffier ne délivrera des expéditions que sur papier timbré et scellé du sceau de la juridiction.

La Société n'aura d'effet à l'égard des associés que du jour ou elle a été publiée et enregistrée au greffe du domicile de tous les contractants.

Tous les associés seront obligés solidairement aux dettes.

Les associés en commandite ne seront obligés que jusqu'à concurrence de leur commandite, cette somme devra être déclarée dans l'extrait de l'acte.

Les contestations seront portées devant des arbitres qui pourront juger sur les pièces et mémoires sans autres formalités ; les sentences arbitrales seront homologuées par les juridictions consulaires.

Ce projet, on le voit, tend à donner la plus grande publicité aux actes des Sociétés et en assurer la sincérité ; à faciliter les recherches de contravention ; à vaincre les scrupules de la noblesse et de la robe à l'égard du commerce, enfin à diminuer les frais.

Nous sommes peut-être trop rigoureux pour les Sociétés, « ajoute la Chambre de commerce, mais nous croyons devoir « cette rigueur au public en réparation des abus dont il a été « longtemps la victime par les intelligences frauduleuses de « quelques membres du commerce qui en ont déshonoré la « candeur et l'ingénuité ».

Pour compléter l'étude des règles commerciales adoptées par le commerce de Lyon, il faudrait suivre tous les *parères*. Ce sont des consultations longuement motivées, signées par les membres de la Chambre de commerce qui étaient spécialement désignés pour former la commission des parères. Les parties, avant d'entamer un procès, soumettaient à la Chambre l'objet du litige, et la priaient de formuler la solution que les usages du commerce pouvaient indiquer.

Nous n'entreprendrons pas le dépouillement des parères.

Les exemples que nous avons cités suffisent pour montrer avec quelle sûreté de jugement, quel bon sens, quel esprit pratique des affaires, les Directeurs des Chambres de commerce ont préparé les éléments des solutions qui constitueront le Code de commerce.

RÉSUMÉ

—

La paix de Riswick ayant mis fin à la trop longue période des guerres, le Gouvernement entreprend de porter remède à la crise qui sévissait. Une administration centralisant toutes les questions relatives au commerce et à l'industrie paraît nécessaire.

Pontchartrain, chargé de la marine et du commerce extérieur, prend l'initiative d'une organisation qu'il fait agréer à Chamillart, contrôleur des finances, ayant le commerce intérieur sous sa direction.

Auprès des ministres, à Paris, est placé un pouvoir délibératif, comité dirigeant, composé de magistrats expérimentés ; assistant à ses séances mais sans voix délibérative, des négociants et des fermiers généraux apporteront le concours de leurs connaisssances techniques.

Auprès des commerçants, dans les principales villes du royaume, sont créées des Chambres de commerce formant le pouvoir consultatif.

La ville de Lyon, à cause de son grand commerce avec l'étranger, car il faut remarquer que le commerce extérieur est la principale préoccupation du Gouvernement, est désignée pour avoir un député et une Chambre de commerce.

Elle s'empressa de les nommer et maintint pendant tout le XVIIIe siècle cette double protection à ses négociants.

Malheureusement, sous l'influence des événements, de la politique, des conflits entre les personnes et des mœurs, ces différents rouages de l'Administration commerciale ne fonc-

tionnent pas comme on l'espérait. Le Conseil du commerce
devait avoir l'initiative des réformes et devait rechercher les
mesures pouvant contribuer au développement et au progrès
soit du commerce, soit de l'industrie : il se cantonne dans
l'examen des litiges qui s'élèvent entre les commerçants et les
fermiers généraux, et dans les discussions relatives aux règlements ; en un mot, il se désintéresse de la direction des
affaires, et, par principe, ennemi des nouveautés, il ne cherche
à donner au commerce aucune impulsion progressive.

Les députés, au lieu d'être des négociants choisis par les
commerçants, sont des personnages agréables à la Cour que
désigne le Gouverneur de Lyon ; ils se montrent des conseillers sans responsabilité, fournissant des renseignements,
transmettant des vœux, n'ayant aucune autorité ; ce sont des
fonctionnaires préoccupés de conserver la faveur des Ministres.

Quant à la Chambre de commerce, elle se ressent de l'in-
fériorité des commerçants dans la société du XVIII⁰ siècle
et des habitudes de cette époque où le favoritisme jouait un
si grand rôle.

Intimement liée au Consulat, elle demeure, comme lui,
attachée à une organisation politique et sociale qui lui ôtait
toute indépendance.

Elle se renferme dans une mission étroite, prêtant une
grande attention aux plaintes des négociants, s'efforçant de
leur faire rendre justice ou d'obtenir les avantages qu'ils
désiraient, résistant à l'exagération de la fiscalité et aux
exactions des habitants de la ferme générale ; soucieuse de
maintenir les règlements que protégeait la mémoire de
Colbert, et de repousser les réformes qui pouvaient nuire à la
réputation de nos produits au dehors.

Elle n'eut aucune initiative et ne s'associa à aucune géné-
reuse entreprise poursuivie dans l'intérêt général : mais cela

lui aurait-il été possible, étant donné le milieu dans lequel elle a vécu ?

Après avoir rapidement exposé les restrictions mises partout au commerce pendant le dix-huitième siècle, nous avons montré de quelles faveurs particulières avait joui le commerce lyonnais, et fait ressortir les avantages qu'il avait trouvés dans les nombreuses exonérations accordées sous forme de privilèges.

Nous avons suivi la Chambre de commerce dans ses efforts pour maintenir la liberté ainsi acquise et accroître encore le commerce de Lyon, pour obtenir les suppressions de taxes et par suite assurer aux négociants lyonnais une supériorité sur leurs concurrents par un abaissement du prix des marchandises.

A cause de l'importance déjà acquise à Lyon par l'industrie de la soie, les délibérations relatives aux intérêts de cette industrie ont été isolées. Un chapitre particulier a été consacré à la manufacture des soieries; un autre au commerce des soies.

Le rôle de la Chambre de commerce vis à vis du commerce en général a été décrit dans un dernier chapitre.

Ainsi ont été parcourus et groupés tous les mémoires rédigés par les Directeurs dans le courant du dix-huitième siècle (1).

Aurons-nous réussi à faire revivre la première Chambre de commerce de Lyon? à intéresser le lecteur à ses travaux et à ses luttes dont le récit est inévitablement monotone ?

Au moment où elle disparait, un ordre de choses nouveau surgit : les attaques contre le système prohibitif, attaques

---

(1) Il serait bien désirable que, par un accord avec la Municipalité, la Chambre de commerce obtînt de rentrer en possession des registres et des documents déposés aux archives de la ville de Lyon, et qui manquent dans les collections placées dans la bibliothèque de la Chambre de commerce.

qu'elle avait toujours repoussées, sont devenues plus pressantes. Bientôt toutes les institutions qui portent le caractère du privilège sont supprimées, et l'édifice soutenu avec tant de sollicitude par la Chambre de commerce commence à crouler.

Plus de corporations avec leurs règlements restrictifs;

Plus de douanes intérieures et d'inégalités de traitement devant les tarifs;

Plus de foires avec cette organisation spéciale des quatre paiements et ce tribunal privilégié de la Conservation.

Quelle aurait été la conversion de la Chambre de commerce, si elle n'avait pas été dissoute ? Aurait-elle rompu avec le passé ? Y avait-il au contraire dans le négoce lyonnais des principes parfaitement établis, une doctrine enracinée qui n'aurait permis aucune transaction ? Il est difficile de le dire.

Toutefois, en parcourant, au XIXe siècle, l'histoire de la seconde Chambre de commerce, nous verrons la lutte se développer et s'accentuer entre la protection et le libre échange; puis se terminer, sous l'influence du progrès économique, par le triomphe des idées libérales sur les traditions du XVIIIe siècle.

APPENDICE

—————

I

Intendants de la Généralité.

Guyet, marquis de Bautanges 1700
Trudaine, seigneur de Montigny 1704
Meliand, maître des requêtes 1710
Poulletier de Mainville, maître des requêtes 1718
Pallu 1739
Rossignol 1751
Bertin, comte de Bourdeille 1755
De la Michodière 1757
Baillon 1762
De Flesselles, conseiller d'État . . . . 17[6.]
Terray . . . . 17[..]

L'intendance est supprimée en 1789.

II

Prévôts des marchands.

Vaginay, seigneur de Montpinay 1700
Cachet de Montesan 1704
Ravat, seigneur des Mazes 1708
Cholier, comte de Cibeins 1716
Dugas (Laurent), seigneur de Bois-Saint-Just 1724
Perrichon 1730
Claret de la Tourette 1740
Rivérieulx de Varax 1745

III

Députés du commerce.

IV

Directeurs de la Chambre.

Le premier nom est celui de l'échevin qui était nommé pour un an seulement.

REVERONY, GACON, DU TREUL, JOUVENCEL, MAINDESTRE,
 ?   ?   ?   ? . . . 1723
AGNIEL, GACON, DU TREUL, JOUVENCEL, MAINDESTRE, JON-
 QUET, GENÈVE, DARESTE, THOLIER 1724
CUSSET, GACON, DU TREUIL, JOUVENCEL, JONQUET, GE-
 NÈVE, DARESTE, THOLIER,   ?   . . . 1725
GAULTIER, GACON, DU TREUL, JOUVENCEL, JONQUET, GE-
 NÈVE, DARESTE, THOLIER,   ?   . . . 1726
MAINDESTRE, GACON, DU TREUL, JOUVENCEL, GENÈVE,
 DARESTE, THOLIER,   ?   ?   1727
JONQUET, GACON, DU TREUL, JOUVENCEL, GENÈVE, DA-
 RESTE, THOLIER, ALLEZON, RAVACHOL. 1728
REGNAUD (Alexandre), GACON, DU TREUL, JOUVENCEL,
 GENÈVE, DARESTE, THOLIER, ALLEZON, RAVACHOL. 1729
QUINSON, GACON, DU TREUL, JOUVENCEL, GENÈVE, DA-
 RESTE, THOLIER, ALLEZON, RAVACHOL 1730
PALERNE, GACON, JOUVENCEL, DARESTE, ALLEZON, RAVA-
 CHOL, DENIS, ROZE, PALERNE (Sainte-Marie). . . 1731
DU TREUL, GACON, ALLEZON, RAVACHOL, DENIS, ROZE,
 PALERNE (Sainte-Marie), TEISSIER, BIROUSTE. . . 1732
MOREL, GACON, ALLEZON, RAVACHOL, ROZE, TEISSIER,
 PALERNE (Vincent), PEYSSON, BARNIER. 1733
BIROUSTE, GACON, TEISSIER, PALERNE (Vincent), BARNIER,
 ?   ?   ?   ?   1734
GIRARD, GACON, TEISSIER, PALERNE (Vincent), BARNIER,
 ?   ?   ?   ?   1735
TORRENT, GACON, TEISSIER, PALERNE (Vincent), BARNIER,
 ?   ?   ?   ?   1736
FLACHAT, GACON, DU TREUL, TEISSIER, BARNIER, PA-
 LERNE (Vincent), FUZELIER, PARENT, DUPLEIX . . 1737
SOUBRY, GACON, DU TREUL, FUZELIER, PARENT, DUPLEIX,
 PANNIER, RAVACHOL, FAY 1738
MOGNIAT, GACON, DU TREUL, PARENT, DUPLEIX, PANNIER,

ROUX, MAYEUVRE, DUCLAUX, DESCHAMPS, CLAVIÈRE jeune,
    CLAVIÈRE aîné, RAMBAUD, PARENT, TORRENT . . . 1770
CHIRAT, MAYEUVRE DESCHAMPS, CLAVIÈRE aîné, PARENT,
    TORRENT, RAMBAUD, MYÈVRE, CHANCEY 1771
AUDRAS, CLAVIÈRE aîné, DESCHAMPS, PARENT, TORRENT,
    RAMBAUD, MYÈVRE, CHANCEY, AURIOL. 1772
JACOB, CLAVIÈRE aîné, DESCHAMPS, PARENT, TORRENT,
    RAMBAUD, MYÈVRE, CHANCEY, AURIOL 1773
BEUF, CLAVIÈRE aîné, PARENT, RAMBAUD, MYÈVRE, AU-
    RIOL, ARDISSON, NOLHAC, IMBERT. 1774
TORRENT, MYÈVRE, AURIOL, ARDISSON, IMBERT, MONGEZ,
    NEYRAT, ROUSSET, COSTE 1775
NOLHAC, MYÈVRE, AURIOL, ARDISSON, IMBERT, MONGEZ,
    NEYRAT, ROUSSET, COSTE. 1776
RAST, AURIOL, ARDISSON, IMBERT, MONGEZ, NEYRAT,
    ROUSSET, JORDAN, MYÈVRE jeune 1777
COSTE, MONGEZ, NEYRAT, ROUSSET, JORDAN, MYÈVRE
    jeune, GRANIER, PORTAL, IMBERT cadet 1778
IMBERT, MONGEZ, ROUSSET, MYÈVRE, GRANIER, PORTAL,
    IMBERT, VIAL, FELISSENT. (L'échevin IMBERT
    meurt, et est remplacé par BOULARD DE GA-
    TELIER) 1779
JORDAN, MONGEZ, ROUSSET, MYÈVRE, GRANIER, PORTAL,
    IMBERT, FELISSENT, BENOÎT 1780
VIAL, MONGEZ, ROUSSET, MYÈVRE, GRANIER, PORTAL,
    IMBERT, FELISSENT, BENOÎT. 1781
REBOUL, PORTAL, FELISSENT, ROUX, PACHOT, FULCHIRON,
    FAYOLLE, NEYRAT, DEGRAIX. 1782
BENOÎT, PORTAL, FELISSENT, ROUX, PACHOT, FULCHIRON,
    FAYOLLE, DEGRAIX, LEMOINE 1783
NEYRAT, PORTAL, FELISSENT, ROUX, PACHOT, FULCHIRON,
    FAYOLLE, DEGRAIX, LEMOINE 1784

Gay, Portal, Roux, Pachot, Fulchiron, Fayolle,
    Degraix, Falsan, Vauberet   1785
Lemoine, Roux, Pachot, Fulchiron, Fayolle, Degraix,
    Falsan, Landard, Lagier.   1786
Vauberet, Roux, Pachot, Fulchiron, Degraix, Falsan,
    Landard, Lagier, Imbert   1787
Fayolle, Roux, Falsan, Landard, Lagier, Giraud,
    Mongez, Nantas, Maupetit.   1788
Imbert Colomès, Roux, Falsan, Landard, Lagier,
    Giraud, Mongez, Nantas, Maupetit   1789
Le Consulat est supprimé. — La Chambre est composée
    de Savy, maire ; Dupont et Bruyset, conseillers
    municipaux ; Falsan, Landard, Lagier, Giraud,
    Mongez, Nantas, Maupetit, directeurs.   1790

La Chambre de commerce est supprimée en 1791.

JETONS

Les jetons de la Chambre de commerce de Lyon, au XVIIIe siècle, sont semblables, comme poids et dimensions, à ceux du Consulat. Comme ces derniers, ils ont été frappés en argent et en cuivre rouge à la Monnaie de Paris, où une partie des coins est conservée. Ces jetons sont devenus très rares, à l'exception d'un seul dont il existe encore un assez grand nombre d'exemplaires. (Pl. n° 13).

Le diamètre moyen de ces jetons, tous circulaires, est de 30 millimètres.

Leurs légendes et leurs types, contiennent le plus souvent une allusion soit au rôle de la Chambre, soit aux résultats d'un commerce bien dirigé.

Les armoiries adoptées par la Chambre — *de gueules au lion d'argent, à la bordure cousue d'azur semée de fleurs de lis d'or* — ont été placées au droit de tous les jetons à partir de l'année 1703. (Pl. n° 1).

Les armes de la ville de Lyon — *de gueules au lion d'argent, au chef cousu d'azur chargé de trois fleurs de lis d'or* — figurent au droit des pièces frappées pour la Chambre, par les soins et aux frais du Consulat. (Pl. n°ˢ 14 et 15.)

A la date de 1745 il est fait mention de ces dernières dans un « État des jetons qu'il faut faire frapper pour la première prévôté des marchands de M. Riverieulx de Varax, et dont la distribution doit être faite tant à Paris qu'à Lyon ».

Sous la rubrique « Autres jetons à faire frapper », nous trouvons : *1,200 pour la Chambre de commerce, de son quarré particulier et de celui aux armes de la Ville.*

Puis une note ainsi conçue :

« Il est à observer que de ces 1,200 jetons il faut en offrir une bourse de 100 à Mgr le duc de Villeroy, et une autre de 100 à M. Palerne, député de la Ville au Conseil du commerce, de sorte qu'il n'en reste que 1,000 pour envoyer à Lyon » (1).

Le jeton de 1745 est probablement celui qui ne porte aucune date, et dont le cartouche aux armes de la Ville est surmonté du buste de Louis XV. On peut admettre que le buste du roi a été placé là à l'occasion de l'heureux rétablissement de sa santé, après la maladie qui, l'année précédente, avait donné tant d'inquiétudes à la France. (Pl. n° 15) (2).

Un autre jeton aux armes de la Ville nous donne, finement gravé entre les figures du Rhône et de la Saône, le millésime 1749, date de l'exécution de ce coin. (Pl. n° 14.)

A quelle date et à quelle occasion le Consulat a-t-il fait frapper ce jeton pour la Chambre de commerce ? Nous relevons dans les Archives de la Ville CC *pièces de comptabilité,* 1753, la mention suivante qui éclaire cette question.

L'état général des dépenses pour 1753 présente une somme de plus de 11,000 livres payée pour des jetons frappés à Paris, sur laquelle il est dit que 3,680 livres sont applicables à des jetons (3) de la Chambre de commerce.

La distribution de ces jetons avait été faite à l'occasion de la première élection de M. Flachat, seigneur de Saint-Bonnet, à la prévôté des marchands. Les directeurs de la Chambre de

---

(1) Ces notes relatives au jeton de 1745 sont prises dans la brochure de M. le docteur Poncet, *Recherches sur les jetons consulaires,* p. 101.

(2) M. Charvet, dans sa notice sur les jetons de la Chambre de commerce, ne parle pas de ce jeton que possède M. le docteur Poncet.

(3) On trouve plusieurs reçus d'une somme de 230 livres pour bourse de cent jetons : souvent les bénéficiaires ont préféré, au don en nature, la valeur de leurs jetons. Si nous déduisons de là ce que valait un jeton, nous voyons que la somme de 3,680 livres représente 1,600 jetons.

commerce ont été exceptionnellement compris dans cette distribution, comme ils l'avaient été dans celle de 1745, par une attention gracieuse du Prévôt nouvellement élu ; et sans doute aussi à ses frais, car dans l'état général des dépenses, la somme de 3,680 livres est notée séparément, à la suite de celle de 8,000 livres consacrée aux autres jetons qui étaient destinés aux membres du Consulat, aux membres de l'Académie des sciences, aux chevaliers de l'Arc en main et de l'Arquebuse, bénéficiaires habituels de ces sortes de largesses.

Ce serait donc la date de 1753 qu'il faudrait admettre (1) pour le jeton n° 14.

Le quarré portant la légende MUNERIBUS PRETIOSA SUIS, et ceux aux armes de la Ville sont signés; ils ont été gravés par Jean Duvivier (2), célèbre graveur en médailles, né à Liège en 1687, mort à Paris en 1761, membre de l'Académie des beaux-arts et graveur du roi. (Pl. n°s 13, 14 et 15.)

Nous avons réuni dans une planche tous les jetons jusqu'ici retrouvés, mais rien ne nous indique si la collection des jetons frappés au XVIII° siècle est complète.

La planche présente d'abord les jetons pour lesquels la date est certaine : ce sont les jetons frappés dans les années 1703, 1704, 1705, 1706, 1707, 1709, 1713, 1715, 1716, 1717, 1718 ; puis un jeton dont le quarré est signé D. V., mais non daté.

(1) M. Dissard, notre savant conservateur au cabinet des médailles, qui a bien voulu revoir et corriger cette notice sur les jetons de la Chambre, est d'avis d'adopter cette date.

(2) Duvivier a gravé, en 1745, un jeton pour la Communauté des marchands fabricants des étoffes de soie, or et argent; ce jeton est daté Il est décrit par M. Vacheron, *Revue du Lyonnais*, 1865.

C'est probablement dans la même année que Duvivier a gravé pour la Chambre de commerce le jeton représenté au n° 13 de la planche : cet artiste devenait le graveur à la mode.

Tous ces jetons portent sur l'une des faces les armoiries spéciales adoptées en 1702 par la Chambre de commerce (1).

Nous avons ajouté les deux jetons qui ont été frappés aux frais du Consulat, et qui portent les armoiries de la Ville substituées à celles de la Chambre de commerce. Dans ces jetons dont les dates peuvent être, comme nous le démontrons, fixées à 1745 et 1753, le quarré à la marque D. V. a été utilisé.

C'est le seul renseignement que nous ayons jusqu'à présent sur l'époque de la gravure de ce type. Il est possible que les directeurs aient, vers l'année 1745, soit par la difficulté de trouver des types nouveaux, soit par économie, décidé qu'ils en feraient graver un sans date et ne le changeraient plus.

Le Consulat n'avait sans doute pas fait graver un quarré nouveau aux armes de la ville pour la distribution des jetons de l'année 1753 : il s'est servi de celui que Jean Duvivier avait gravé en 1749 (2).

Voici la description de la planche :

I. — LA CHAMBRE DU COMMERCE DE LYON. — Écusson ovale aux armes de la Chambre de commerce, placé sur un cartouche ; au-dessous, les figures assises et personnifiées du Rhône et de la Saône se donnant la main. (Pl. nº 1.)

---

(1) Nous n'avons reproduit que les jetons officiels frappés pour les Directeurs de la Chambre de commerce. Il y a, en effet, d'autres jetons, que nous nommerons jetons de fantaisie, pour lesquels la Chambre de commerce a prêté ses coins.

Ainsi M. Charvet cite un jeton qui porte sur une face les armoiries de la Chambre de commerce, et sur le revers les armes de M. Palerne de la Magdeleine, nommé en 1723 député du commerce par la ville de Lyon.

M. Vacheron cite également un jeton dans lequel aurait été utilisé le type du jeton frappé en 1718 pour la Chambre de commerce, et qui présente, au droit, les armes du duc de Villeroy.

(2) Dans les pièces de comptabilité de l'année 1749 se trouve un reçu de 600 livres signé par Duvivier et daté de Paris 26 septembre 1749.

℞. DUM CIRCUIT ORNAT (*Il en fait le tour et l'embellit*). — Le globe terrestre au-dessous du soleil qui l'inonde de lumière. (Pl. n° 2.)

II. — Même légende et même type.

℞. VERA REFERT (*Exactes sont ses indications*). — Un cadran solaire placé sur un socle rectangulaire ; à l'exergue en trois lignes : COLLEG · X · VIR LVGD· | COMMERC · REG | 1704. (*Collège des décemvirs lyonnais préposés à la direction du commerce.*) (Pl. n° 3.)

III. — Même légende et même type.

℞. EXERCET SUB SOLE LABOR (*Sa lumière éclaire leur travail*). — Un essaim d'abeilles se précipitant vers une ruche exposée sur un banc aux rayons du soleil ; à l'exergue en quatre lignes : COLLEGIUM X · VIRORUM | LUGDUNENSIUM COMMER | CIIS REGUNDIS | 1705. (Pl. n° 4.)

IV. — Même légende et même type.

℞. PONDERIBUS LIBRATA SUIS (*Son propre poids l'équilibre*). — La terre dans l'espace au milieu des nuages ; à l'exergue en trois lignes : X · VIRI LUGDUNENSES | COMMERCIIS REGUNDIS | 1706. (Pl. n° 5.)

V. — Même légende et même type.

℞. VIS OCCULTA REGIT (*Force directrice invisible*). — Une boussole placée sur la poupe d'un navire ; à l'exergue en trois lignes : X · VIRI LUGDUNENSES | COMMERCIIS REGUNDIS | 1707. (Pl. n° 6.)

VI. — Même légende et même type.

℞. SERIT QVÆ COLLIGAT ALTER *(Il plante et un autre cueillera les fruits)*. — Un homme plantant une rangée d'arbres ; à l'exergue en trois lignes : x · viri lugdunenses | commerciis regundis | m · dcc · viiii.(Pl. n. 7.)

VII. — Même légende et même type.

℞. DUM CIRCUIT ORNAT *(Il en fait le tour et l'embellit)*. — Le globe terrestre au-dessous du soleil qui l'inonde de lumière ; à l'exergue : 1713 (Pl. nº 9).

VIII. — Même légende et même type.

℞. FELICIS PIGNORA CURÆ *(Gages d'une heureuse sollicitude)*. — Une corne d'abondance versant à terre les richesses qu'elle contient ; à l'exergue en trois lignes : x · viri lugdunenses | com-merciis regundis | m · dcc · xv. (Pl. nº 10.)

IX. — Même légende et même type.

℞. DABIT ADOLESCERE FRUCTUS *(Il fera mûrir les fruits)*. — Quelques arbres recevant les rayons du soleil levant ; à l'exergue en trois lignes : x · viri · lugdunenses | commerciis regundis | m · d · cc · xvi. (Pl. nº 8.)

X. — Même légende et même type.

℞. DAT VINCERE FATA *(Par lui l'adversité est vaincue)*. — Un caducée dans l'espace ; à l'exergue en trois lignes : x · viri · lugdunenses | commerciis regundis | m · d · cc · xvii. (Pl. nº 11.)

XI. — Même légende et même type.

℞. CLARUM SIGNAT ITER *(Sa lumière montre la route)*. — Un phare projetant ses feux sur deux rivières qui se réunissent, et sur une ville qui, au second plan, s'étend au pied d'une colline près du confluent ; à l'exergue en trois lignes : x · VIRI LUGDU-NENSES | COMMERCIIS REGUNDIS | M · DCC · XVIII. (Pl. n° 12.)

XII. — Même légende et même type.

℞. MUNERIBUS PRETIOSA SUIS *(Précieuse par ses présents)*. — Le Rhône et la Saône personnifiés mélangeant leurs eaux ; au second plan, une troisième figure représentant la Chambre de commerce apportant des richesses à une ville dont les fortifications apparaissent dans le lointain ; au-dessous de la figure de la Saône, les initiales du graveur D. V., à l'exergue en deux lignes : x · VIRI LUGDUNENSES | COMMERCIIS REGUNDIS. (Pl. n° 13.)

XIII. — Écusson aux armes de la Ville, placé sur un cartouche contourné, accompagné des figures personnifiées du Rhône et de la Saône versant l'eau de leurs urnes ; au-dessous de la figure du Rhône les initiales du graveur D. V. ; entre les deux figures la date 1749. (Pl. n° 14.)
℞. Le même que ci-dessus.

XIV. — Écusson aux armes de la Ville, placé sur un riche cartouche orné de guirlandes et surmonté du buste de Louis XV, placé dans un médaillon ovale entouré de rayons ; dans le bas du cartouche, les lettres D. F. (Duvivier fecit). (Pl. n° 15.)
℞. Le même que ci-dessus.

Outre les jetons de présence qui lui étaient remis annuelle-ment, en nombre plus ou moins grand suivant son assiduité, chaque Directeur recevait, à l'expiration de son mandat, une médaille d'or de la valeur de cinq louis. Nous avons décrit, page 27, l'allégorie et la légende de cette médaille.

Le type, représenté dans le frontispice de cette brochure, plaisait tellement à la Chambre de commerce, qu'elle l'a conservé pendant tout le XVIIIe siècle ; il a été gravé par Thomas Bernard en 1703 (1).

Lorsqu'on frappait la médaille d'or à la Monnaie de Paris, on prenait pour le droit l'effigie du roi régnant, tandis que pour les jetons on se servait toujours du quarré aux armes de la Chambre de commerce, comme nous l'avons déjà dit. Pendant chaque règne, plusieurs effigies différentes ont été produites pour la frappe des médailles ; il est donc probable que les médailles frappées pour la Chambre de commerce ont eu d'autres faces que celles que nous connaissons.

Nous n'avons vu qu'une effigie de Louis XIV, buste gravé par Thomas Bernard et signé TB ; qu'une effigie de Louis XV, gravée par François Marteau et signée FM (2) ; qu'une effigie de Louis XVI, gravée par Benjamin Duvivier, fils de Jean Duvivier, et signée B. Duvivier.

---

(1) M. Charvet donne la photographie du revers et de la face de la médaille d'or frappée en 1703. Il fait remarquer la signature TB du graveur, et démontre que ce graveur est Thomas Bernard.

(2) Il y a dans les collections de la Ville différentes médailles qui portent ce buste de Louis XV avec la signature FM ; elles sont comprises entre l'année 1740 et l'année 1745.

EXERCET SUB SOLE LABOR
SERIT QUÆ COLLIGAT ALTER
FELICIS PIGNORA CURÆ
CLARUM SIGNAT ITER
MUNERIBUS PRETII SAS
NUSA REPET
DUÆ CÆCUET ORNAT
1713

TABLE DES MATIÈRES

CHAPITRE V.

CHAPITRE VI.

Extrait des Mémoires de l'Académie des Sciences, Belles-Lettres et Arts de Lyon,
(volume vingt-quatrième de la classe des Lettres).

www.ingramcontent.com/pod-product-compliance
Ingram Content Group UK Ltd.
Pitfield, Milton Keynes, MK11 3LW, UK
UKHW021637170726
13836UKWH00005B/2233

9 782329 594514